Le Siècle.

FEU BRESSIER

PAR

ALPHONSE KARR.

PARIS

BUREAUX DU SIÈCLE,

RUE DU CROISSANT, 16

M DCCC LIII.

A. VIALON. DEL.   J. GUILLAUME SC.

e nouveau catalogue, qui annule tous les précédens, s'augmentera successivement des principaux ouvrages d'Alexandre DUMAS, de BALZAC, d'Eugène SUE, de Frédéric SOULIÉ, d'Eugène SCRIBE, et des autres écrivains les plus distingués de cette époque.

AVANTAGES RÉSERVÉS AUX ABONNÉS DU JOURNAL *LE SIÈCLE*.

out abonné au *Siècle* a droit, outre la prime gratuite, à une *remise de cinquante pour cent* sur le prix marqué de tous les ouvrages que renferme ce Catalogue mais jusqu'à concurrence seulement du montant de son abonnement.

MUSÉE LITTÉRAIRE

que volume, d'au moins 400 pages in-4º à 2 col., imprimé sur beau papier, renferment la matière de plus de 16 vol. in-8º de librairie d'une valeur de 89 fr

série. 1 vol broché, 6 f.; relié, 9 f.; contenant :	**5e série. 1 vol. broché, 6 f.; relié, 9 f.; contenant :**	Saturnin Fichet, par FRÉDÉRIC SOULIÉ.... 3 25
oire de la Grandeur et de la Décadence	Bug-Jargal, par M. VICTOR HUGO...... 1 fr.	**11e série. 1 vol. broché, 6 f.; relié, 9 f.; contenant :**
e César Birotteau, par DE BALZAC... 1 fr. »	(Cet ouvrage ne se vend pas broché séparément.)	Claude Gueux, par M. VICTOR HUGO.... » 15
Acte de Vertu et la Peine du Talion, par	Les Nuits du Père-Lachaise, par M. GOZLAN. 1 fr. 50	Miss Mary, ou l'Institutrice, par M. E. SUE. 1 25
M. DE BERNARD.	Histoire des Treize : — Ferragus,—Duchesse	L'Anneau d'argent, par CH. DE BERNARD.
Maîtresse anonyme, par M. E. SCRIBE. » 75	de Langeais, par M. de BALZAC....... 1 »»	La Grenadière, par DE BALZAC.... 1 25
a, par M. MÉRY........ » 50	Les Deux Cadavres, par M. F. SOULIÉ.. 1 50	Un Malheur complet, par FRÉDÉRIC SOULIÉ.
Lion amoureux, par F. SOULIÉ...... » 50	La Veuve de la Grande Armée, par M. E.	La Bonne Aventure, par M. EUGÈNE SUE. 2 25
reviève, par M. A. KARR........ » 75	MARCO DE SAINT-HILAIRE......... 1 25	Proverbes et Nouvelles, par M. E. SCRIBE. 1 50
ne et Pauvre, par M. E. SOUVESTRE. » 75	**6e série. 1 vol. broché, 6 f.; relié, 9 f.; contenant :**	**12e série. 1 vol. broché, 6 f.; relié, 9 f.; contenant :**
ilda, par LORD NORMANBY...... 1 75	Les Mystères de Londres, par M. P. FÉVAL. 4 fr. 25	Les Enfans de l'amour, par M. EUGÈNE SUE. 1 fr. »»
Médecin du Pecq, par M. LÉON GOZLAN. 1 »»	Han d'Islande, par M. V. HUGO........ 2 25	Modeste Mignon, par DE BALZAC..... 1 »»
série. 1 vol. broché, 6 f.; relié, 9 f.; contenant :	(Cet ouvrage ne se vend pas broché séparément.)	Le Contrat de mariage, — Le Cabinet des
emme de Quarante ans, par CH. DE	**7e série. 1 vol. broché, 6 f.; relié, 9 f.; contenant :**	Antiques, par le même........ 1 »»
BERNARD....... » 50	Les Amours de Paris, par M. PAUL FÉVAL. 2 fr. 50	Ursule Mirouët, par le même...... 1 »»
Vicomte de Béziers, par F. SOULIÉ.. 1 50	Fort en Thème, par M. ALPHONSE KARR. 1 »»	Une Double Famille,—Curé de Tours,—Le
atures du jeune comte Potowski, roman	La Femme abandonnée, par DE BALZAC... » 75	Message,—Pierre Grassou, par le même. 1 »»
u cœur, par le conventionnel MARAT. 1 »»	Études de femmes, par le même...... » 75	Mémoires de 2 jeunes mariées, par le même. 1 »»
Parens pauvres, par M. DE BALZAC.... 3 »»	Le Père Goriot, par le même.......	**13e série. — Incomplet.**
série. 1 vol. broché, 6 f.; relié, 9 f.; contenant :	La Maison Nucingen, par le même.... 2 »»	La Maison du Chat qui pelote, le Bal de
Comte de Toulouse, par F. SOULIÉ. 1 fr. 50	Gobseck, par le même........	Sceaux, la Bourse, la Vendetta, par DE
Roi de Carreau, par M. E. Scribe.. »	La Jeunesse dorée par le procédé Ruolz,	BALZAC.......... 1 25
Croix d'or, par M. MAURICE ST-AGUET.. » 50	par M. ALBÉRIC SECOND........ » 50	La Peau de Chagrin, par le même..... 1 50
onciade, par M. E. GONZALÈS.	**8e série. 1 vol. broché, 6 f.; relié, 9 f.; contenant :**	La Femme de Trente ans, par le même.. 1 50
Heure trop Tard, par M. A. KARR.. 1 »»	Les Mystères de Rome, par M. F. DERIÈGE. 2 fr. 50	Eugénie Grandet, par le même...... 1 50
et de SHAKESPEARE, traduction de	Antonia, par M. ÉLIE BERTHET....... 1 »»	Le reste de la série est sous presse.
. ALEXANDRE DUMAS....... 1 25	La Floride, par M. MÉRY........ 1 »»	**14e série. — Incomplet.**
Maîtresse de Louis XIII, par M. SAINTINE 1 50	La Guerre du Nizam, par le même.... 1 50	Carlo Broschi, par M. EUGÈNE SCRIBE.... » 50
nier Jour d'un Condamné, par V. HUGO. » 50	**9e série. 1 vol. broché, 6 f.; relié, 9 f.; contenant :**	Feu Bressier, par ALPHONSE KARR.... 1 »»
ouvrage ne se vend pas broché séparément.)	Les Sept Péchés capitaux, par M. EUG. SUE.	Le reste de la série est sous presse.
série. 1 vol. broché, 6 f.; relié, 9 f.; contenant :	L'Orgueil........ 2 fr. 50	**15e série. — Incomplet.**
s les Tilleuls, par M. A. KARR..... 1 fr. 25	L'Envie....... 1 25	La Cabane de l'Oncle Tom, par MISTRESS
Bandit de Londres, par AINSWORTH.. 1 25	La Colère........ 1 »»	BEECHER-STOWE........ 2 »»
nerol, par le bibliophile JACOB.... 1 25	La Luxure...... » 75	**16e série. — Incomplet.**
Caserne du quai d'Orsay, par M. ÉMILE	La Paresse..... » 50	Les Illusions perdues, par DE BALZAC.
MARCO DE SAINT-HILAIRE....... » 50	L'Avarice....... » 75	Les Deux poètes....... » 75
yal eu le Fanfaron démasqué, par	La Gourmandise..... » 75	Un Grand homme de province à Paris.. » »»
OUGET DE L'ISLE.	**10e série. 1 vol. broché, 6 f.; relié, 9 f.; contenant :**	Ève et David....... » »»
a Mourante, par le même...	Notre-Dame de Paris, par M. V. HUGO.. 2 fr. 75	
ert-Robert, par M. L. DESNOYERS.. 2 »»	(Cet ouvrage se vend broché séparément.)	

ŒUVRES COMPLÈTES D'ALEXANDRE DUMAS
FORMAT DU MUSÉE LITTÉRAIRE.

Tome Ier.—1 vol. broché, 6 fr.; contenant :	Les Frères Corses........ » 75	**Tome IX. 1 vol. broché, 6 f.; relié, 9 f.; contenant :**
e Comte de Monte-Cristo.... 6fr.»	Othon l'archer,—Mes Infortunes de garde	Impressions de Voyage. (Villa Palmieri). 1 fr. 50
ollection séparée de 30 magnifiques	national........ » 50	— (Le Speronare.)..... 2 50
GRAVURES pour cet ouvrage.. 6 »»	**Tome V. 1 vol. broché, 6 f.; relié, 9 f.; contenant :**	— (La Capitaine Arena.).... 2 50
e même, texte et gravures reliés en un	Une Fille du Régent....... 1 fr. 75	— (Le Corricolo.)..... 2 50
me....... 15 »»	Souvenirs d'Antony........ » 75	**Tome XI. — Incomplet.**
me II. 1 vol. broché, 6 f.; relié, 9 f.; contenant :	Isabel de Bavière....... 1 »»	La Tulipe noire........ 1 »»
a Reine Margot....... 2 fr. 75	Praxède,— Pierre le Cruel....... » 50	La Colombe....... » 50
a Dame de Monsoreau....... 3 25	Cécile........ 1 »»	Le Chevalier d'Harmental.... 2 50
me III. 1 vol. broché, 6 f.; relié, 9 f.; contenant :	Sylvandire....... 1 75	Le reste de ce tome est sous presse.
e Chevalier de Maison-Rouge. 2 fr. »»	**Tome VI. 1 vol. broché, 6 f.; relié, 9 f.; contenant :**	**Tome XII. 1 vol. broché, 6 f.; relié, 9 f.; contenant :**
e Maître d'Armes........ 1 50	Les Quarante-Cinq........ 3 fr. 25	Le Collier de la reine...... 3 25
a Guerre des Femmes...... 2 25	Le Bâtard de Mauléon....... 2 75	Ascanio....... 2 25
nvelles diverses........ 1 »»	**Tome VII. 1 vol. broché, 6 f.; relié, 9 f.; contenant :**	Gaule et France...... 1 25
me IV. 1 vol. broché, 6 f.; relié, 9 f.; contenant :	Joseph Balsamo....... 6 fr. »»	**Tome XIII. — Incomplet.**
eorges....... 1 fr. 50	**Tome VIII. 1 vol. broché, 6 f; relié, 9 f.; contenant :**	Acté........ 1 25
ernande....... 1 25	Impressions de Voyage. (Suisse.).... 3 fr. »»	Les Deux Diane....... 3 25
maury....... 1 »»	— (Midi de la France.).... 1 75	**Tome XIV.**
auline....... 1 »»	— (Une Année à Florence.).. 1 25	Ange Pitou........ 3 »»
urat,— Pascal Bruno........ » 75		

LES MOUSQUETAIRES.

1re et 2e parties : LES TROIS MOUSQUETAIRES, et VINGT ANS APRÈS, 1 vol. broché, 6 fr. — 3e partie : LE VICOMTE DE BRAGELONNE, 1 vol. broché, 6 fr.
BUM DES MOUSQUETAIRES. (1re et 2e parties : LES TROIS MOUSQUETAIRES, VINGT ANS APRÈS, 50 gravures sur bois, album, broché, 7 fr 50 c.
(même format que les MOUSQUETAIRES.)) 3e partie : LE VICOMTE DE BRAGELONNE, 50 gravures sur bois, album broché, 7 fr. 50 c.

ous les ouvrages de ce Catalogue, sur lesquels nos abonnés obtiendront une remise de moitié prix, se vendent brochés, par tome ou série, et même arément par ouvrage, au gré de l'acheteur. Les œuvres de M. VICTOR HUGO ne peuvent être livrées séparément, mais seulement dans les séries quelles elles appartiennent. Les feuilles détachées pour assortiment seront vendues dans les bureaux du *Siècle* moyennant 15 centimes la feuille de t pages, ou expédiées franco par la poste moyennant 20 centimes.
s demandes des départemens doivent être affranchies et soldées en un mandat sur la poste ou à vue sur Paris, à l'ordre de M. TILLOT, directeur du cle. — Ajouter à ce mandat le prix du port, lequel est fixé à un franc pour toute demande jusqu'à 10 fr. inclusivement, aux prix marqués du Catalogue vant toute remise, ou dix pour cent du prix marqué pour toute demande au-dessus de 10 fr.
es expéditions sont faites exclusivement par les Messageries nationales, les Jumelles, les Messageries du midi, où les chemins de fer aboutissant à Paris. s personnes qui habitent d'autres localités que celles desservies par lesdites voies de transport, auront soin de faire connaître le bureau de ces entreprises ourra leur être adressé l'objet de leur demande.

※

FEU BRESSIER

I.

Un des premiers jours du mois de mai, vers trois heures de l'après-midi, une voiture allait quitter une grand'route bordée de pommiers pour s'arrêter devant une petite maison de campagne qui était à gauche de la route, quand les personnes qui étaient dans la voiture ordonnèrent au cocher d'arrêter. Un jeune homme s'approcha de la voiture et salua.

— Comment ! vous par ici, Seeburg ? s'écria un homme de quarante ans.

— Oui, monsieur Morsy, répondit le jeune homme ; je donne tous les deux jours une leçon à un quart de lieue d'ici. J'ai pris l'avance sur la voiture, et je l'attends au passage. J'ai voulu faire une partie de la route à pied ; le pays est charmant.

— Charmant, en effet, dit une grosse dame qui occupait le fond de la voiture avec son mari.

— Voyez donc quelle jolie chaumière ! dit une belle jeune fille placée sur le devant ; comme ce toit de chaume est couvert d'iris en fleurs !

Le jeune homme salua, pour permettre à la voiture de continuer sa route.

Monsieur Morsy fit signe au cocher de marcher, et cria au jeune homme qui s'en allait et qui ne tarda pas à disparaître :

— Vous viendrez dîner demain, n'est-ce pas ?

La voiture se trouva bientôt devant la maison ; les trois personnes qui en descendirent trouvèrent à cette porte un homme qui y frappait à coups redoublés. Elles parurent juger que le bruit qu'il faisait était à la fois suffisant pour le faire entendre et assez peu convenable, car elles se tinrent à deux pas derrière lui, prêtes à profiter du résultat probable qu'aurait ce bruit de faire ouvrir la porte tout en laissant voir à la personne qui viendrait l'ouvrir qu'elles n'en étaient ni les auteurs ni les complices.

Le cocher remonta sur son siége et regagna la route. Le jeune homme, qui s'était jusque-là servi de sa canne, commençait à la remplacer par une pierre ramassée sur le chemin, quand une seconde voiture, un cabriolet, vint déposer deux hommes devant la même porte. Au cabriolet succéda un cheval qui apportait un cavalier du côté opposé.

Le jeune homme qui frappait reconnut le cavalier et lui dit :

— Ma foi ! Marcel, à ton tour, puisque te voilà.

Il s'essuya le front avec son mouchoir, et salua les personnes qui étaient derrière lui. Le nouvel arrivé en fit autant, et répondit à son interlocuteur :

— Est-ce qu'il y a longtemps que tu frappes, Arnold ?

— Mais il y a vingt-minutes que j'ai cassé la sonnette.

— Est-ce qu'il n'y aurait personne ?

— C'est impossible, dit le propriétaire de la première voiture ; et, tirant une lettre de sa poche, il lut à haute voix :
— Nous vous attendons à dîner *vendredi trois.*

— Vendredi trois, c'est comme moi, dit un des hôtes du cabriolet en exhibant également son invitation.

— C'est bien aujourd'hui vendredi ?

— Oui, certainement.

— C'est le 3 mai ?

— C'est le 3 mai.

Alors, recommençant à frapper, le premier arrivé reprit la pierre, et, après avoir reproduit son roulement pendant quelques instants, il jeta ce caillou et dit :

— On est au fond du jardin.

— Ou sorti, répéta Marcel.

— Je vous dis, monsieur, que c'est impossible ; monsieur et madame Bressier ne seraient pas sortis un jour où ils ont invité à dîner une, deux, cinq, sept personnes. Ah ! bonjour, monsieur Cotel ; je ne vous reconnaissais pas.

— Mille complimens, monsieur Morsy. Je présente mes respects à ces dames. Avec cela qu'il fait une chaleur !

— Si vous frappiez encore, monsieur Arnold... Tiens, mais où est-il donc ?... où est donc monsieur Arnold ?

— Il essaie une folie, reprit le cavalier, il prétend passer par-dessus le mur du jardin.

— Attendez, j'entends du bruit dans la maison.

— Oui vraiment, on vient.

— Je disais aussi, monsieur et madame Bressier ne seraient pas sortis un jour...

On ouvrit la porte, et on vit paraître monsieur Arnold.

— Quoi ! c'est vous ? Et par où êtes-vous entré ? Est-ce qu'il n'y a personne ? Monsieur et madame Bressier y sont-ils ? Il n'est pas arrivé d'accident ?

Toutes ces questions se pressaient à la fois. Arnold répondit qu'il fallait d'abord qu'on entrât dans la maison, et qu'il répondrait ensuite à toutes les questions. On lui obéit.

Quand on fut entré, il invita tout le monde à s'asseoir ; puis il annonça qu'il allait s'occuper d'ouvrir la grande porte pour qu'on pût remiser les voitures et mettre les chevaux à l'écurie. En disant ces mots, il disparut, laissant ses compagnons se proposer sur leur situation des énigmes dont lui seul pouvait donner le mot.

Il ne tarda pas à rentrer.

— Maintenant, dit-il, je vais répondre à toutes vos questions en peu de mots : il n'y a personne dans la maison ; je l'ai parcourue de la cave au grenier.

— Ah bien ! voilà qui est agréable, dit monsieur de Morsy ; qu'allons-nous faire ?

— S'il y avait au moins un restaurateur près d'ici, ajouta monsieur Cotel ; mais on ferait deux lieues sans trouver une maison.

— Ma femme et ma fille sont fatiguées, et moi je meurs de faim et de soif ; d'ailleurs, j'ai renvoyé ma voiture, elle ne reviendra qu'à neuf heures.

— Pour moi, je vais repartir ; j'espère, monsieur Arnold, que vous n'avez pas fait dételer mon cabriolet ?

— Au contraire, c'est que j'ai fait dételer votre cabriolet, et que votre cheval est avec celui de Marcel, à l'écurie, où ils tiennent conseil comme nous sans doute, car je n'ai pas trouvé une botte de foin.

— Il faut ratteler.

— Où irez-vous ?

— A la ville.

— Il faut trois heures de route,

— Avez-vous une meilleure idée ?

— Certainement, et la seule bonne, la seule raisonnable.

— Voyons-la.

— On nous a invités à dîner ici ; eh bien ! nous dînerons ici ; nous n'aurons de moins que les maîtres de la maison, et comme nous sommes venus plutôt pour le dîner que...

— Allons donc ! parlez pour vous.

— Et comment dînerons-nous ici ?

— Je n'en sais rien, mais nous dînerons ; tandis qu'en essayant de dîner ailleurs, nous ne dînerions pas du tout. Permettez-moi de subvenir de mon mieux à l'oubli des maîtres de la maison et de les remplacer ; je suis sûr qu'ils en seront remplis de reconnaissance pour moi. D'abord, voulez-vous vous rafraîchir ?

— Ah çà ! est-ce que tout de bon nous restons ici ?

— Certainement.

— Pour moi, dit madame Morsy, je suis incapable de faire dix pas à pied.

— Et moi, dit monsieur Morsy, mes dents font feu quand elles se touchent.

ARNOLD. — Voyons, Marcel, aide-nous un peu ; je mets en réquisition les plus jeunes de la société, monsieur Cotel et son frère, les dames mettront le couvert.

MONSIEUR MORSY. — Comment ! il n'y a pas seulement un domestique ?

ARNOLD. — Il n'y a personne.

MONSIEUR COTEL. — Mais c'est inouï !

ARNOLD. — Voyons, voyons, gardons pour le dessert le mal que nous avons tant envie de dire des maîtres de céans. Notre position est nettement dessinée, il faut dîner. Monsieur Morsy, sa femme et sa fille, n'ont pas de voiture, et, comme j'ai compté qu'ils me remmèneraient, je n'en ai pas non plus ; le cheval de monsieur Cotel est sur les dents.

MONSIEUR COTEL. — Mon cher, mon cheval ferait vingt lieues sans être sur les dents.

ARNOLD. — Discussion également renvoyée au dessert. Monsieur et madame Bressier seront désolés de leur... comment dirai-je ?

MONSIEUR COTEL. — Etourderie.

MONSIEUR MORSY. — Impolitesse.

ARNOLD. — De leur oubli... Vous n'avez pas fourni de mot, Marcel.

MARCEL. — J'adopte *oubli*.

ARNOLD. — Monsieur et madame Bressier seront déses-

pérés de leur oubli ; comme amis de la maison, monsieur Marcel et moi...

MARCEL. — Parlez pour vous, Arnold.

ARNOLD. — Est-ce que vous n'êtes pas ami de la maison ? Pardon, je l'avais supposé. Effaçons donc le nom de monsieur Marcel... Comme ami de la maison, je vous reçois à leur place ; si chacun veut y mettre un peu du sien, nous aurons à dîner, et nous aurons le dîner le plus gai du monde. Qui veut parcourir la maison avec moi pour nous mettre au fait des ressources que présente cette île déserte à sept Robinsons affamés ?

MONSIEUR MORSY. — Ma foi ! monsieur Arnold a raison, je vais avec lui à la maraude ; il faut que tout le monde se mette à l'ouvrage ; vous aussi, mesdames. Monsieur Cotel, vous allumerez le feu à la cuisine.

Arnold, qui avait disparu un instant, revient avec des toiles d'araignée dans les cheveux et trois bouteilles de vin dans les bras.

— L'île produit du vin, la cave est bien garnie, rafraîchissons-nous avant tout.

On trouve des verres à grand'peine, on boit ; Marcel s'approche d'Arnold et lui dit tout bas :

— Au moins, Arnold, soyez modéré. Vous savez comment est monsieur Bressier.

ARNOLD *bas.* — Tant pis pour lui ; je suis sûr qu'il l'a fait exprès.

MARCEL. — Oh ! oh !

ARNOLD. — Je vous le prouverai au dessert.

On commence à rire de la situation, et chacun prend son parti.

Arnold apporte des tabliers de cuisine qu'il a trouvés dans une armoire ; les hommes s'en affublent, madame Morsy en essaie un ; on s'écrie qu'elle est charmante ainsi, elle en fait mettre un à sa fille. On fouille partout ; les dames mettent le couvert.

Monsieur Cotel aîné allume le feu, monsieur Cotel cadet furète la maison avec monsieur Morsy et Arnold ; Marcel, qui paraît contrarié, est cependant forcé par madame et mademoiselle Morsy de rincer les verres, de ranger les chaises, d'aller chercher de l'eau, etc.

Deux des trois maraudeurs reviennent avec des œufs ; rien que des œufs, il n'y a absolument rien autre chose dans la maison, si ce n'est un pot de beurre et quelques pots de confitures. Arnold a vu de loin une ferme et est allé chercher du renfort ; il revient ; le fermier est malade, sa femme n'a pu lui donner que des œufs ; les deux femmes disent qu'elles dîneront très bien avec des œufs à la coque, Monsieur Morsy se charge de faire une omelette.

— Marcel, allez me chercher des ognons dans le jardin.

MADAME MORSY. — Comment, des ognons ?

MADEMOISELLE MORSY. — Oh ! papa !

MONSIEUR MORSY. — Certainement. On fera une autre omelette sans ognons pour les femmes et les hommes délicats. Nous pouvons varier les omelettes, puisque nous n'aurons que cela. Allez donc, Marcel ; apportez-moi des ognons, épluchez-les et hachez-les menu. Vous verrez comment je fais une omelette aux ognons.

— Et vous, Cotel, que savez-vous faire ?

MONSIEUR COTEL. — Je ferais bien des œufs sur le plat.

MONSIEUR MORSY. — Eh bien ! faites, et dépêchez-vous.

Cotel jeune arrive ; il a découvert un pigeonnier avec des pigeons ; il en a saisi et étranglé quatre.

Les pigeons, d'abord accueillis avec acclamation, sont, après examen, déclarés vieux et durs.

MONSIEUR COTEL jeune. — Plumerai-je, monsieur Morsy ?

MONSIEUR MORSY. — Certainement ! je mangerais des clous. Plumez, plumez.

Des remercîmens sont votés à Cotel jeune.

Une agitation extrême règne dans la cuisine et dans la salle à manger ; on s'empresse, on se croise, on rit.

Arnold veut faire frire des poissons rouges qu'il a trouvés dans un bocal ; tout le monde s'y oppose ; il monte le meilleur vin de la cave.

MONSIEUR MORSY. — Allons, Marcel, mes ognons ; vous

allez me faire manquer le moment de les mettre, et ensuite mon omelette sera mangée avec indifférence. Donnez vite. Ce n'est pas mal haché. Encore un coup de feu, et mon omelette est prête.

MONSIEUR COTEL aîné. — Messieurs, on est servi; la main aux dames,

On passe dans la salle à manger après avoir ôté les tabliers de cuisine; on prend place, on s'assied, on rit, on mange avec voracité les œufs à la coque, puis les pigeons.

MONSIEUR MORSY. — Voilà bien les pigeons les plus coriaces !... Je suis sûr que celui que je mange est celui que Noé envoya de l'arche à la découverte.

COTEL jeune. — Vous disiez tant que vous mangeriez des clous !

MONSIEUR MORSY. — Je ne m'en dédis pas; mais des clous seraient moins durs que vos pigeons.

COTEL jeune. — Nous allons voir votre omelette.

MORSY. — Oh ! mon omelette, je la soumets aux connaisseurs.

MADEMOISELLE MORSY. — Votre omelette aux ognons?

MORSY. — Comme vous dites, mademoiselle Morsy. — Tenez, Cotel, qu'en dites-vous?

COTEL, — Je la trouve fade.

MORSY. — Je vous récuse. — Arnold, parlez.

ARNOLD. — Désolé de la trouver fade.

MORSY. — Ah çà ! voyons... en. effet... l'ognon ne s'y fait pas sentir. — Marcel, donnez-moi le reste de vos ognons.

MADEMOISELLE MORSY. — Crus?

MORSY. — Crus, haché menu. C'est d'un merveilleux effet dans l'omelette.

MARCEL. — J'ai tout haché.

MORSY. — Allez-en chercher d'autres, c'est votre département.

(Marcel sort.)

ARNOLD. — Eh bien ! êtes-vous fâché d'avoir dîné ici ? Ce qu'il y a de plus gai et ce que je ne vous dis qu'à présent, parce qu'il n'est plus temps de reculer, c'est que monsieur Bressier n'est sorti que parce qu'il s'est parfaitement rappelé ses invitations.

COTEL jeune. — Vous croyez?

ARNOLD. — J'en suis sûr; les invitations sont de la main de madame Bressier. Elle les aura faites sans le prévenir, et averti au dernier moment, saisi d'une recrudescence d'avarice, il l'aura emmenée de force à la ville.

MORSY. — Vous croyez qu'il serait capable ?...

ARNOLD. — Il est capable de tout dans ses accès de lésine. Je l'ai connu garçon; aujourd'hui, vous ne pouvez pas l'apprécier, parce que ma cousine lutte contre lui et le gêne; mais, avant son mariage, il se livrait sans frein à la plus horrible avarice que j'aie vue. Il avait imaginé de déjeuner et de dîner dans un tiroir qu'il fermait au moindre coup de sonnette, pour n'être pas surpris mangeant, et obligé d'offrir quelque chose à quelqu'un.

MORSY. — L'idée est ingénieuse, mais je ne puis croire qu'aujourd'hui... Ah ! voilà Marcel !

MARCEL. — Morsy, voilà vos ognons.

MORSY. — Eh ! mon Dieu ! quels ognons est-ce là ? Je crois bien que mon omelette est fade ! elle le serait à moins ! L'infâme Marcel, jaloux de ma gloire, nous a fait manger une omelette aux ognons de tulipes !

ARNOLD. — Pas possible!

MORSY. — Voyez vous-même.

ARNOLD, — C'est ma foi ! vrai.

MARCEL. — Je n'ai jamais vu des tulipes qu'en fleurs.

MORSY. — C'est que celles-ci sont défleuries. C'est un mets nouveau, mais très mauvais; je vais faire une autre omelette.

MADAME MORSY. — Non, on n'a plus faim.

COTEL. — On n'a plus faim; passons au dessert.

COTEL jeune. — Dans les quatre-vingt-dix manières d'arranger les œufs, nous avons oublié *les œufs à la neige.*

MADEMOISELLE MORSY. — Ah ! quel dommage !

MORSY. — Mais nous avons inventé une quatre-vingt-onzième manière : l'omelette aux ognons de tulipes.

EUGÈNE. — Je bois à l'inventeur, à Marcel !

MARCEL. — Ah çà ! Arnold, comment êtes-vous entré ici ?

ARNOLD. — (*Bas.*) Hypocrite ! (*Haut.*) Par une brèche du mur derrière la maison.

On cause, on rit, on boit, les hommes sont un peu gris. La voiture de monsieur Morsy arrive, ses domestiques attellent le cabriolet de monsieur Cotel, Marcel bride lui-même son cheval; Arnold propose que chacun mette sa carte sur un plat vide au milieu de la table, et il écrit sur la sienne :

« Mon cher Bressier,

» Vous aviez oublié un dîner que vous deviez donner aujourd'hui; remerciez-moi, j'ai réparé de mon mieux votre défaut de mémoire, la chère était médiocre, mais nous nous sommes rattrapés sur le vin.

» Votre affectionné cousin. »

Arnold reconduit tout le monde, ferme les portes, et sort par où il était entré; puis il monte dans la voiture de monsieur Morsy, et donne le signal du départ. Marcel salue et prend le devant avec son cheval. Bientôt on le perd de vue.

II.

Il est minuit et demi. Marcel, qui n'a pas été jusqu'à la ville et qui a laissé son cheval à une lieue de là dans une ferme, revient à pied et rôde autour de la maison de monsieur Bressier; ses yeux cherchent en vain à une fenêtre le signal accoutumé.

Pendant ce temps, monsieur Bressier, qui n'est rentré qu'à onze heures et demie, exhale la mauvaise humeur que lui cause la violation de son domicile. Madame Bressier rit aux larmes de l'idée de son cousin, des cartes laissées, et du dîner qu'ils ont dû faire.

Monsieur Bressier, qui a compté les bouteilles vides laissées exprès sur la table, est furieux de la gaîté de sa femme.

— Je ris, monsieur Bressier, dit-elle, parce que vous n'encourez qu'une juste punition. Quand je vous ai dit que j'avais invité quelques amis pour le jour de ma fête, vous m'avez parlé d'une invitation que vous aviez acceptée pour moi à la ville, chez votre cousine; vous n'avez même pas voulu me laisser écrire à nos convives pour m'excuser.

— Certainement, Éléonore, parce qu'en écrivant il aurait fallu indiquer un autre jour.

— Et, en n'écrivant pas, nous avons fâché nos plus anciens amis.

— Cela m'arrange parfaitement de les fâcher; je tiens peu à des amis qui ne viennent me voir que pour faire des dîners, et qui ont l'air de me considérer comme un honnête restaurateur chez qui on fait la partie d'aller manger des petits pois de primeur. Non, non, Éléonore, je ne veux pas dissiper ainsi mon bien; on aime beaucoup les gens qui se ruinent, mais on ne les aime plus quand ils sont ruinés.

— J'ai bien vu que votre prétendue invitation chez votre cousine n'existait que dans votre imagination, et que nous n'étions nullement attendus.

— C'est qu'elle avait oublié.

— Au moins était-elle chez elle. N'essayez pas de me tromper davantage; seulement, comme je ne veux pas être complice de vos procédés, je vais dès demain écrire la vérité à nos amis.

— Vous ne ferez pas cela, Éléonore !

— Je le ferai. Mais je suis fatiguée; j'ai sommeil; il est bien temps que vous entriez dans votre appartement.

Monsieur Bressier se retira. Éléonore écouta s'éloigner le bruit de ses pas; quand elle le pensa chez lui, elle ouvrit une fenêtre sur laquelle elle plaça sa veilleuse; puis elle fit une toilette de nuit pleine de coquetterie.

Monsieur Bressier appelait Éléonore *sa* femme; parce qu'il était *son* mari; mais il ressemblait, sous ce rapport, à certains marquis ruinés qui portent le nom d'une terre dont un autre mange les revenus, ou à certains évêques qui ne pourraient manquer d'être empalés s'ils se présentaient dans leurs évêchés, comme *Maroc* et *Tunis*, évêchés *in partibus infidelium*, au pouvoir des infidèles.

Un quart d'heure après l'apparition du signal, Marcel passait par la brèche *découverte* par Arnold, mais faite depuis longtemps par ledit Marcel, et en quelques instans il était auprès d'Éléonore, d'Éléonore plus heureuse qu'elle ne l'avait jamais été, car chaque nouveau tort, chaque ridicule plus odieux de son mari lui permettait de voir sa faute à elle avec moins de rigueur, et de se donner des excuses.

III.

Or, quand Arnold, après avoir congédié ses conviés, avait à son tour passé pour sortir par la brèche qui lui avait donné entrée, il fut aperçu par trois vauriens qui avaient subitement interrompu leur promenade, et, après quelques mots échangés à voix basse, étaient retournés à un cabaret assez éloigné, où ils avaient passé une partie de la journée. Vers deux heures de la nuit, ils revinrent, et, après avoir rôdé autour de la maison, deux d'entre eux montèrent par la brèche et sautèrent dans le jardin, tandis que le troisième restait à faire le guet en dehors.

Éléonore, qui ne dormait pas, entendit quelque bruit dans la maison, et dit à Marcel :

— Dormez-vous, Marcel ?

— Non.

— Entendez-vous ce bruit ?

— Oui; il y a déjà quelque temps.

— Grand Dieu ! est-ce que mon mari ?...

— Non, non; n'ayez pas peur.

Et Marcel lui-même pouvait à peine parler, tant son cœur battait violemment dans sa poitrine. Il faut le dire ici, c'est, à ce que m'ont dit les adeptes, un des inconvéniens de l'adultère. C'est qu'un homme que vous tueriez d'un coup de poing partout ailleurs vous inspire toutes les angoisses de la terreur en se mouchant ou en se retournant dans son lit, si vous êtes auprès de sa femme.

— Mais, Marcel, ce n'est pas mon mari, j'entends qu'on parle.

— Peut-être est-ce lui qui demande quelque chose à la servante.

— Il ne parlerait pas à voix basse.

— Pour ne pas vous éveiller.

— Il n'est pas si soigneux.

— Peut-être aime-t-il la servante et s'occupe-t-il de le lui dire.

— Plût à Dieu que ce fût cela !

Elle se leva subitement, et, nu-pieds, alla coller son oreille contre la fente de sa porte.

Quelques instans après elle revint les yeux hagards, et, secouant le bras de Marcel, lui dit :

— Non, ce sont des voix d'hommes, et ils sont plusieurs !

Cinq ou six romans simultanés de huit volumes chacun se passèrent en une minute, avec tous leurs développemens, dans la tête de Marcel. Il y a des momens où l'imagination tourne le feuillet avec une incroyable rapidité. Je n'oublierai jamais que, me voyant un jour, je revis, en

deux minutes et demie que dura la crise, ma vie tout entière, avec ses moindres circonstances, toutes les personnes que j'avais connues avec leur histoire tout entière, que sais-je encore ? En un mot, le lendemain, comme je voulus me rendre compte de mes sensations, je fus arrêté par cette considération qu'il n'y aurait peut-être pas assez de papier au monde pour écrire ce que j'avais pensé pendant deux minutes et demie.

Entre les suppositions que fit Marcel, la plus raisonnable fut que monsieur Bressier arrivait avec un maire et deux témoins pour faire constater judiciairement la conversation criminelle dont il était le complice.

Mais un son métallique se fit entendre, comme d'un couvert d'argent qu'on laisse tomber, et Marcel pensa, et Éléonore dit : Ce sont des voleurs !

En effet, on entendait ouvrir et fermer des armoires et des tiroirs avec une précaution inouïe.

— Que faire ? mon Dieu ! disait Éléonore en se tordant les mains.

Marcel ne disait rien; mais les deux amans voyaient clairement ce qu'il y avait d'affreux dans leur situation.

En effet, que faire! Appeler ?... qui ? Son mari ? — Et Marcel était là !

— Marcel, dit-elle, sauvez-vous, et quand vous serez parti, je crierai.

— Par où ? S'ils me voient, ils fuiront ou ils se mettront en défense. Dans l'un et l'autre cas, votre mari sera éveillé par le bruit, et il me verra. Et d'ailleurs, quand je pourrais me sauver sans les rencontrer, je ne vous laisserai pas seule dans un tel danger, n'ayant de protection que celle de votre mari, homme faible et peu énergique.

— Qu'ils me tuent, mais qu'on ne vous trouve pas ici ! Oh ! mon Dieu ! mais mon mari ? J'y pense : s'il se réveille, ils vont l'assassiner !

— Je descendrais.

— Malheureux ! Et ensuite comment expliquer votre présence ?

— Je trouverai bien un moyen.

— Écoutez-moi, Marcel : Si les jours de mon mari sont menacés, vous descendrez le secourir, mais en même temps je me jetterai par la fenêtre sur le pavé.

— Calmez-vous, Éléonore ?

— Écoutez, peut-être vont ils s'en aller. Si je pouvais les aider à faire leurs paquets !

A ce moment, on entendit des cris étouffés : Au voleur ! au voleur ! puis des pas précipités, et comme le bruit d'un corps qui tombe sur le parquet.

Je n'essayerai pas de décrire à quelles tortures étaient livrés Marcel et Éléonore.

Marcel regarda à travers les rideaux par une fenêtre qui donnait sur le jardin, et dit :

— Ils sont partis, ils franchissent le mur.

On entendit encore la voix qui criait : Au voleur ! au voleur !

— Ah ! dit Éléonore. Mon Dieu ! je vous remercie, ils ne l'ont pas tué !... Maintenant, Marcel, fuyez.

— Mais par où ?... Ah ! par cette fenêtre.

Et Marcel sauta par la fenêtre qui donnait sur le chemin sans en mesurer la hauteur. Éléonore se pencha dehors, le vit tomber, se relever et courir. Elle referma la fenêtre. Au même instant, son mari et sa servante frappaient violemment à la porte de sa chambre. Elle ouvrit, et tomba sans connaissance sous les émotions qu'elle avait ressenties.

Monsieur n'était pas blessé; il avait été seulement renversé d'un coup de poing par un des voleurs qu'il avait saisi par ses vêtemens. La servante s'était soigneusement enfermée dans sa chambre. Du reste, le vol était considérable; toute l'argenterie était emportée, les voleurs avaient forcé un secrétaire et y avaient pris une somme importante en or que monsieur Bressier amassait depuis longtemps. Sa frayeur et son désespoir furent si grands, qu'il se mit au lit avec une grande fièvre qui ne le quitta plus.

Une nuit, monsieur Bressier eut le délire, et, confon-

dont tous les chagrins qui avaient marqué la funeste journée du 3 mai, il cria Au voleur! parlà de son argent, des
convives invités par sa femme qui emportaient l'argenterie. — On frappe, disait-il ; dites que je n'y suis pas ! Madame n'y est pas non plus ; il n'y a personne ! On ne sait pas
quand on reviendra ; on ne reviendra peut être pas ! J'aurais mieux fait de ne pas revenir, les voleurs ne m'auraient
pas tué ! — Puis il demandait à boire, et refusait le vase
qu'on lui apportait, en criant : On veut m'empoisonner !

La difficulté de respirer, qui avait toujours été en aug-
mentant, était venue à un degré effrayant ; bientôt il cessa
de parler, et par ses gestes semblait se débattre et repousser quelqu'un. Puis tout à coup la voix parut lui revenir ;
il cria avec force : Au voleur ! au voleur ! fit un bond dans
son lit, se raidit, poussa un grand soupir. Son âme depuis
quelque temps errait sur ses lèvres comme la flamme
d'une bougie qui darde le ciel. Le vent veut la déchaîner ;
elle ne tient plus à la cire que par ses pieds bleus ; encore
un souffle, elle la quitte, monte et disparaît.

C'est ainsi que l'âme du moribond s'échappa de son corps
et que, jetant sur lui un regard de dédain pareil à celui que
laisse tomber sur ses vieilles guenilles un homme longtemps pauvre auquel on apporte de somptueux vêtemens,
elle s'enfuit par la cheminée avec la fumée d'un reste de
tisane qui bouillait devant le feu.

IV.

Me voici parvenu à un point de mon récit qui me met
dans une singulière perplexité. C'est en effet une situation
bien difficile que celle d'un pauvre romancier. Sous bien
des rapports, il ressemble à un voyageur. S'il raconte des
choses ordinaires et communes, on ne le lit pas ; si ses
récits sont un peu étranges et inusités, on ne le croit pas.
Les gens qui ont la vue la plus courte sont ceux qui nient
avec le plus d'obstination l'existence des objets qu'ils ne
voient pas.

Je ne m'aviserai pas de jurer par telle ou telle chose que
ce que je vous dis est vrai ; vous n'êtes pas sans avoir remarqué que le serment est une invention ingénieuse qui
n'a pour but que de donner de la vraisemblance au mensonge.

Peut-être quelques lecteurs me chicaneront-ils sur le
rôle que je fais jouer à l'âme.

Hélas ! les savans ont fait sur ce sujet bien pis que moi,
et ce n'est pas pour rien que Cicéron disait : « Il n'y a pas
d'opinion si ridicule qu'il ne se soit trouvé un philosophe
pour la soutenir. »

Les savans sont des hommes qui, dans leurs plus grands
succès, n'arrivent qu'à s'embourber un peu plus loin que
les autres.

Les sciences, dit Montaigne, finissent toujours en éblouïs-
semens. Les yeux de l'esprit, en effet, se fatiguent comme
ceux du corps, quand ils veulent voir au delà d'une certaine portée. Il danse devant les yeux du corps une multitude de petites paillettes d'argent ; il sautille devant les
yeux de l'esprit des myriades de saugrenuités.

Qu'est-ce que les sages, les philosophes et les savans ont
dit sur l'âme ? Buffon prétend qu'elle est un amas de mo-
lécules organiques vivantes, Epicure la compose d'atomes
indivisibles, Platon de monades, Aristote prétend que c'est
une entéléchie, Descartes des esprits animaux, Borelli des
esprits sulfureux, Magow des esprits nitreux, Willis des
esprits de la nature de la lumière, etc., sans compter ceux
qui disent que nous n'en avons pas.

Ils ne sont pas plus d'accord sur sa demeure et sur ses
habitudes. Aristote la met dans le cœur, Platon dans le
diaphragme, Hippocrate dans le cerveau, Descartes dans
une glande, Van Helmont dans l'orifice supérieur de l'estomac, d'autres ailleurs.

Quelques philosophes anciens la composent de trois fa-
cultés. Descartes veut qu'elle soit formée de six passions.
Il est possible que je me trompe à mon tour comme tous
ces honnêtes savans et philosophes, mais je dirai, comme
ils ont dit en leur temps, que ceux qui ne pensent pas
comme moi ont tort, que ceux qui ont une opinion contraire à la mienne sont dans une erreur grossière.

Tout le monde sait aujourd'hui que notre âme est une
molécule du grand foyer de chaleur, de vie et d'intelligence
que les hommes appellent soleil. Tout le monde sait qu'à la
mort de l'homme son âme devient ce que devient la flamme
de la bougie qui s'éteint ; elle remonte au soleil, où elle
se confond et se perd plus complétement qu'une goutte de
pluie dans la mer. Marc-Aurèle avait pressenti cela quand
il disait : « Notre âme est un dieu exilé ; » et Platon s'en
doutait un peu lorsqu'il prétendait que les ailes de l'âme se
développent par la mort.

Il meurt et il naît sur la surface de la terre un homme
par seconde ; le soleil est à une telle distance de nous, que
les âmes ne peuvent descendre du soleil à nous directe-
ment pour animer de nouveaux êtres en temps utile,
comme disent les avoués. Un philosophe astronome dit
qu'il y a des étoiles si éloignées, que la lumière qu'elles ex-
halent, et qui fait, comme toute lumière le doit, quatre
millions de lieues par minute, n'a pas eu, depuis la création du monde, le temps de venir jusqu'à nous, et que c'est
pour cela qu'on en découvre de temps en temps de nouvelles. Il y en a donc une grande quantité qui restent dans
notre atmosphère, qui se jouent dans la lumière et se baignent dans le parfum des fleurs, prêtes à se placer sur les
lèvres au beau au moment où elles sont pressées par
celles d'un amant ou d'un époux ; alors, absorbées dans un
soupir voluptueux, elles vont animer dans son sein un
globule de matière inerte qui, dans un temps fixé, doit naître homme. Les jumeaux n'ont pour origine que l'empressement jaloux ou taquin de deux âmes avides de naître à la
vie humaine, qui se coudoient au moment opportun sur
les roses d'une belle bouche.

Tout le monde sait encore que, lorsqu'une âme se
trouve subitement libre par suite de la mort violente ou
seulement prématurée du corps auquel elle était enchaî-
née, elle a le droit d'animer un autre corps ; mais il faut
qu'elle se soit décidée à entreprendre ce nouveau labeur,
ou à aller se confondre dans l'océan de vie et de lumière,
dans l'espace d'une année à partir du jour de sa délivrance
de la chaîne de chair qui vient d'être brisée. Si, au dernier jour de l'année, elle n'a pas pris de nouveaux fers, elle
doit remonter au soleil.

Certes, on comprendrait difficilement le caprice qui
porte un grand nombre d'âmes à recommencer les quelque
quatre-vingts ans de travaux forcés qu'on appelle la vie,
si l'on ne voyait chaque jour l'homme préférer les plus
grands maux et les plus implacables ennuis à la mort, qui
n'est que la perte de la sensation du moi et de l'individua-
lité ; une âme, par le même sentiment, répugne souvent à
s'aller perdre dans le soleil, comme une goutte d'eau dans
la mer.

Du reste, pendant cette année, elles sont soumises aux
conditions des âmes neuves, et elles ne sont pas précisément oisives. Après plusieurs siècles, on a inventé des ins-
trumens qui montrent des centaines de monstres marins
dans une goutte d'eau. Certes, celui qui se fût avisé de
dire leur forme, leurs guerres, leurs amours, avant l'invention du microscope puissant qui permet à tout le monde
de les distinguer aujourd'hui, se fût vu traiter de fou ou
tout au moins de rêveur. Qui sait si un jour un instrument plus parfait ne découvrira pas ce qui se passe dans
l'air, comme on voit maintenant ce qui se passe dans
l'eau ?

V.

L'âme de feu Bressier, fatiguée de la lutte qu'elle venait

de subir pour se débarrasser du corps qui se cramponnait à elle, alla s'abattre sur le toit de chaume de la ferme où la veille Arnold était allé chercher des œufs.

C'était une de ces belles matinées du mois de mai, une de ces fêtes splendides que la terre donne à l'homme, son hôte ingrat.

Le toit de la chaumière était presque entièrement revêtu d'une mousse fine et soyeuse comme le plus fin velours vert. Sur la crête, entre les feuilles aiguës et les larges fleurs violettes des iris, s'élevait doucement de l'âtre une légère fumée bleuâtre, qu'un rayon oblique du soleil qui s'élevait à l'horizon rendait rose à une certaine hauteur.

Partout aux environs tout fleurissait : les fraisiers au pied de la haie d'épine blanche ; les papillons aussi semblaient fleurir dans l'air et choisir, fleurs vivantes, une tige vacante parmi toutes les fleurs qu'ils visitaient en voltigeant. Les insectes cherchaient chacun, sur cette table opulente et toujours mise que la terre offre à toutes les créatures, la plante qui lui est destinée.

L'air, silencieux pendant l'hiver, se remplissait de chants d'oiseaux et de bourdonnemens d'abeilles. Partout, sur l'herbe, dans les arbres, dans l'eau, sous la mousse, dans la corolle éclatante des fleurs, tout est plein de nouvelles amours, tout aime comme tout fleurit.

C'est alors qu'on pouvait voir quelles étaient les occupations des âmes qui attendaient l'occasion de naître.

L'une ouvre les bourgeons où sont enfermées toutes plissées les feuilles des arbres tardifs.

Une autre, cachée dans un prunellier en fleurs, arrache aux moutons qui passent trop près du buisson un peu de laine, que ne tardent pas à venir chercher les oiseaux qui pensent à faire leur nid.

Celle-ci s'amuse la nuit, quand on ne dort pas et qu'on attend avec impatience que l'heure sonne à l'église voisine pour savoir si le jour va bientôt paraître ; celle-ci s'amuse à ne faire sonner que les demi-heures, qui ne vous apprennent rien.

Celle-là, quand un enfant étourdi laisse tomber sa tartine, prend un soin malicieux de la faire toujours tomber du côté des confitures.

Cette autre ouvre le matin la corolle des fleurs et la referme le soir.

Quelques-unes s'occupent à composer les parfums qu'el'es mettent au sein des fleurs, petits encensoirs envoyant toujours de suaves odeurs au ciel.

Quelques autres, renfermées dans le bouton qui va éclore, s'amusent à peindre les pétales des couleurs éclatantes qui leur sont destinées.

Celle-là peint de diverses nuances de rose les glaïeuls, les églantiers, les pêchers.

Celle-ci colore de blanc le muguet, les pâquerettes, l'anémone des bois.

Une autre donne les nuances du saphir et de l'améthyste au bluet des champs, aux iris, aux violettes, aux *wergiss-mein-nicht*.

Un autre est chargée de jaune et donne leurs couleurs aux giroflées des murailles, aux boutons d'or et aux bassinets des prairies.

En voici qui le soir doivent allumer les vers luisans, fleurs de feu qui vivent sous l'herbe, et les lampodes qui font brasiller la mer.

Elles se baignent dans la rosée qui brille au calice des fleurs de tous les feux du diamant.

Elles comptent et ajustent les pétales des pâquerettes qui doivent servir d'oracles aux jeunes filles. Celle-ci, douce et bienveillante, a soin que ces petits rayons d'argent qui entourent le disque d'or de la marguerite atteignent et ne dépassent pas le nombre de quatorze, de dix-neuf, de vingt-quatro ou de vingt-neuf, afin que la pythonisse des prairies, à la question *M'aime-t-il ?* réponde toujours *Passionnément.*

Une autre, taquine ou morose, s'occupe de l'arrangement des pâquerettes qui ont quinze, vingt, trente pétales, et qui doivent répondre *Pas du tout.*

Les plus folles disposent les barbes du gramen qui monte dans les manches, où scellent au calice des scorsonères et des pisseniis les petites graines ailées sur lesquelles on souffle pour savoir si un projet réussira.

Il y en a qui quittent les champs et n'ont d'autre souci que de mettre dans une bibliothèque le passage dont on a besoin et que l'on cherche, au dernier des volumes que l'on feuillette, à la dernière des pages qu'on retourne.

Mais, dans ces belles journées du printemps, ce n'est pas seulement sur les haies et dans les prés que s'ouvrent les fleurs. Comment dire tout ce qu'il fleurit de riantes pensées dans le cerveau, tout ce qu'il s'épanouit de douces sensations dans le cœur?

L'âme de feu Bressier se tourna du côté où elle avait laissé le corps, sa prison, et elle dit :

— « Adieu donc, guenille de chair que j'ai trop longtemps portée ; adieu, haillon vivant dont je rougissais. Délivrée, je déploie mes ailes et je remonte au soleil me confondre et m'anéantir dans la vie universelle. Quel esclavage digne d'une âme divine que celui qu'il faut subir dans le corps humain de la part du cœur, du foie, de la rate, du gésier, et de tous les viscères et intestins qui, au bout du compte, sont toujours les maîtres et dirigent ses actions et sa vie !

» Mais n'y a-t-il donc rien de plus dans cette vie d'où je sors? Ce beau printemps, ces fleurs, ces parfums, cet air tiède, tout cela n'est-il donc pas une promesse divine d'un bonheur inconnu? Quand j'habitais cette sordide prison qu'on appelait Bressier, j'ai entendu parler de l'amour, mais ce drôle ne me l'a point fait connaître ; il a acheté une femme que des parens bêtement avares lui ont donnée en mariage parce qu'il était riche. Avant d'acheter celle-là et après l'avoir achetée, il en a loué quelques-unes ; jamais on ne l'a aimé, jamais il n'a aimé. J'aurais bien voulu connaître l'amour pendant que j'étais dans l'existence. J'ai envie de naître encore une fois ; mais si je redevenais quelque Bressier !... J'ai cependant envie de renaître. Le père de Brossier ne valait pas mieux que lui. Un autre père aurait eu un autre fils. J'étais née au hasard ; si je recommençais, je choisirais des parens. »

L'âme y pensa longtemps.

VI.

Puisqu'il vient d'être question de l'amour, je vais vous dire ici ce que c'est réellement que l'amour.

L'âme, je vous l'ai dit, n'est qu'un grain d'une sorte d'imperceptible poussière du feu de la vie et de l'intelligence universelle dont le soleil est le foyer. Ces parcelles, envoyées sur la terre, ont comme un souvenir vague et triste de cette sorte d'exil. Cette sensation inexprimable a des crises, des momens dans lesquels elle est plus sensible que dans d'autres.

Il n'est personne qui, aux premiers jours du printemps, n'éprouve une sorte de tristesse voluptueuse, de désir sans but, d'inquiétude sans sujet, d'envie de pleurer sans chagrin, d'aspiration à quelque chose d'inconnu ; ce désir, cette tristesse, ne s'appliquent à rien de ce qu'on connaît.

C'est tout simplement un élan de l'âme pour se mêler à la vie universelle, au feu créateur qui à cette époque est plus ardent que de coutume ; c'est alors que les parcelles de ce feu qui se rencontrent s'attirent par une sympathie mystérieuse, et se voudraient mêler et confondre ensemble.

S'il arrive surtout que deux âmes, que deux grains de cette impalpable poussière de feu qui dans l'océan de feu et de vie se trouvaient voisines avant d'être divisées et envoyées ici-bas, si deux étincelles viennent à se rencontrer, c'est alors un ravissement qu'il est impossible de peindre, des sensations pour lesquelles il n'y a ni phrases ni mots. Ces deux moitiés veulent se joindre, se réunir, se confondre, devenir une.

Si un lecteur trouve ceci extravagant, je le prie de m'exprimer mieux ou autrement ce sentiment de sympathie subite qui fait qu'à l'aspect d'une femme qu'on rencontre pour la première fois on entend une voix intérieure nous dire : Je suis à elle, elle est à moi; pourquoi il semble qu'on la reconnaît et on a envie de lui dire : Ah! c'est toi, te voilà donc! et toi, me reconnais-tu aussi? Si ledit lecteur ne réussit pas, je le prie de retirer son expression peu convenable pour mon explication.

VII.

Sur cent hommes qui marchent dans la rue, vous pouvez gager hardiment que quatre-vingt-dix cherchent de l'argent et que quatre-vingts n'en trouveront pas.

Ce n'était cependant pas la situation d'un jeune homme qui tournait depuis quelques instants autour de la chaumière sur le toit de laquelle l'âme de feu Bressier était mollement couchée dans une fleur d'iris, petit lit de velours et de satin violet. Ce n'était autre que ce M. Seeburg qui s'était trouvé *par hasard* sur le chemin de mademoiselle Morsy. Après une assez longue hésitation, il frappa à la porte, mais si doucement qu'on ne l'entendit probablement pas. Il laissa passer quelques instants, puis recommença à frapper plus fort. Une voix qui partait de l'intérieur répondit en demandant brusquement :

— Qui va là?

— Je voudrais parler au maître de la maison.

Alors un grand garçon sortit et dit :

— Le maître de la maison est malade; que lui voulez-vous?

— Monsieur... répondit Seeburg.

— Je ne suis pas un monsieur, je m'appelle Pierre.

— Eh bien! Pierre, voilà ce que je veux, ce que je voudrais demander à votre maître et ce que je puis tout aussi bien vous demander à vous. Il y a sur le toit de votre maison des iris en fleurs, et j'en voudrais quelques-uns.

— Tiens! et pourquoi faire?

Seeburg rougit de colère, mais il se rappela qu'il avait intérêt à ne pas se fâcher avec le manant. Il répondit doucement :

— J'en ai besoin, je vous récompenserai.

A ce moment une voix de dedans appela Pierre.

— Tenez, dit Pierre, c'est notre maître; je vais lui demander s'il veut bien que je vous donne des iris.

Il fut quelques instants sans revenir. Pendant ce temps Seeburg regardait la place où il avait rencontré mademoiselle Morsy. Le valet de la ferme revint et dit :

— Monsieur, j'en suis bien fâché, mais notre maître ne veut pas qu'on monte sur son toit.

— Mais lui avez-vous dit que je payerais?

— Il dit qu'il n'a pas besoin de votre argent et qu'il ne veut pas.

— Mais vous, est-ce que vous ne pourriez pas?

— Il n'y a pas moyen; il couche sous le toit, et, comme il ne dort pas, il entend le moindre mouvement.

— Je vous donnerai dix francs.

— Ça ne se peut pas.

— Je vous en donnerai vingt.

— Vous m'en donneriez cent, ça serait tout de même; ça ne se peut pas, il me chasserait.

Seeburg resta accablé, il cherchait dans son esprit une meilleure raison à donner à maître Pierre; il n'en trouvait pas.

— Monsieur, dit Pierre, je n'ai pas le temps de m'amuser plus longtemps.

Il rentra et ferma la porte.

Seeburg s'en alla tristement; mais le soir, vers neuf heures, comme il faisait sombre, le maître de Pierre, qui se retournait sans cesse dans son lit sans pouvoir dormir, s'écria :

— Pierre! il y a quelqu'un sur le toit.

— Allons donc! maître Renaud, vous n'y pensez pas.

— Je te dis qu'il y a quelqu'un sur la maison.

— Et moi, je vous dis que vous rêvez.

— Je ne rêve pas; et, si tu n'y vas pas voir, je vais me lever et y aller.

— Allons, Pierre, vas-y, dit la femme du malade.

— J'y vais, maître Renaud. Et il se leva.

— Pierre, dit maître Renaud, je veux que tu prennes ton fusil.

— Mais puisqu'il n'y a rien.

— Prends-le tout de même.

Pierre sortit avec son fusil, qu'il décrocha du dessus de la cheminée. Il regarda machinalement et seulement pour complaire à son maître, et il allait rentrer, lorsqu'il aperçut une forme humaine qui gravissait le toit avec peine.

— Ohé, l'ami! cria-t-il, que faites-vous là-haut, s'il vous plaît?

On ne répondit rien.

L'ami, vous jouez un mauvais jeu. Je vous jure par la mort-Dieu que, si vous ne descendez ou ne répondez au plus vite, je vous campe un coup de fusil.

Même silence.

— Ne prenez pas cela pour une menace, il est chargé, et de bonnes chevrotines encore.

Seeburg ne répondit pas et atteignit alors la crête du toit.

— Une fois, deux fois, faites-y bien attention. Une fois; à la fin c'est trop se moquer du monde; une fois, deux fois, trois fois, descendez-vous?... Non! eh bien! tant pis pour vous.

Il ajusta et lâcha le coup de fusil; Seeburg, en voyant son mouvement, se coucha à plat-ventre sur le côté du toit opposé à Pierre; le coup partie dans le chaume, partie au-dessus du toit : quelques chevrotines atteignirent les iris et en coupèrent un sur sa tige. Seeburg le ramassa, en cueillit trois ou quatre autres et se laissa glisser jusqu'à terre, où il arriva un peu meurtri; puis, tandis que Pierre faisait le tour de la maison pour le rejoindre, il avait sauté par-dessus une haie, et s'était perdu dans la nuit.

— Il faut que ce garçon-là soit bien amoureux de la femme à laquelle il porte ces fleurs, se dit l'âme de feu Bressier, qui était restée dans l'iris coupé par la chevrotine; s'il est aimé comme il aime, je naîtrai d'elle et de lui; le gaillard n'est pas timide et ne me fera pas attendre bien longtemps le moment opportun.

VIII.

A peu près une dizaine d'années avant l'époque où se passent les scènes que nous venons de raconter, il se fit une rencontre qui devait avoir une certaine influence sur la destinée de nos héros.

Monsieur et madame Morsy habitaient l'été une petite propriété située à une dizaine de lieues de la ville, au milieu des bois. Un jour que leurs deux enfans, Ernest et Cornélie, étaient allés se promener avec une servante, ils revinrent en sautant de joie, et tenant chacun un petit oiseau :

— Ah! maman, disait la petite Cornélie, qui avait alors sept ans, regarde donc ma jolie fauvette; donne-moi du coton, que je lui fasse un petit nid bien chaud.

— Maman, criait Ernest, donne-moi du fil, que j'attache le mien à mon petit chariot.

— Et où avez-vous trouvé ces pauvres bêtes? demanda la mère.

— Maman, c'est un petit garçon habillé de noir qui les

a dénichées; il y en avait quatre : il nous en a donné une à chacun.

— Quel est ce petit garçon? demanda madame Morsy.à la servante.

— Je n'en sais rien, madame; il était avec une dame habillée·en noir comme lui. Je crois bien qu'ils sont en deuil.

Le lendemain, il y eut une discussion entre le frère et la sœur. Cornélie pleurait parce que son frère voulait la forcer de jouer au cheval, et de mettre une corde entre ses dents pour faire les rênes.

— Pourquoi donc pleure Cornélie?

— Maman, c'est Lilie qui ne veut jamais jouer avec moi.

— Maman, c'est qu'il veut me mettre des cordes dans la bouche et me donner des coups de fouet quand je ne cours pas assez vite.

— Mais, maman, c'est toujours comme cela qu'on fait.

— Allons, Ernest, c'est vous qui avez tort. Ce sont là des jeux de garçon auxquels vous ne pouvez pas jouer avec votre sœur.

— Je ne peux pas pourtant jouer avec sa poupée.

— Ni elle avec vos fouets.

— C'est ennuyeux alors; à quoi est-ce que je m'amuserai? J'aimerais mieux être à la pension; je n'ai pas un camarade ici.

— C'est vrai, mon pauvre enfant. Si tu rencontres encore le petit garçon qui t'a donné un oiseau, demande-lui où il demeure, et prie sa maman de le laisser venir jouer avec toi.

Quelques jours après, en revenant de la promenade, Ernest dit à sa mère :

— Maman, j'ai retrouvé le petit aux fauvettes, il m'a donné des cerises; je lui ai dit de venir en manger de plus grosses dans notre jardin; il m'a dit que sa maman ne voudrait pas. Il a l'air d'en avoir très peur.

— Eh bien! demande-lui, ai-je dit.

— Oh! elle ne voudra pas.

— Si je le lui demandais...

— Dame! essaye.

— Je me suis approché de la dame, mais elle a l'air si sévère que je n'ai pas osé. J'ai dit à Lilie d'y aller, mais elle n'a pas voulu; elle m'a dit que j'étais le plus grand. Enfin j'ai dit :

— Madame, voulez-vous permettre à votre petit de venir jouer avec nous à la maison?

— Et qui êtes-vous, mon petit ami? où demeurez-vous?

— Je no sais pas pourquoi, maman, mais cette dame me disait *mon petit ami*, et j'avais envie de pleurer comme si elle m'avait grondé. Alors ma bonne lui a parlé, lui a appris ton nom, et elle a dit que son petit viendrait demain pour jouer après déjeuner.

Le lendemain, en effet, le petit Seeburg fut amené par sa mère jusqu'à la porte de monsieur Morsy. C'était un enfant d'une extrême timidité. Lorsque arriva l'heure à laquelle sa mère lui avait ordonné de rentrer, il dit à madame Morsy en rougissant beaucoup :

— Madame, voulez-vous me faire reconduire chez nous?

— Mais, dit Ernest, attends que la partie soit finie.

— Oh! non, il est l'heure.

— Ça n'est pas pour cinq minutes...

— Si... maman me gronderait.

— Elle est donc bien méchante, ta maman?

— Ernest! dit madame Morsy, taisez-vous! Vous êtes un enfant gâté; vous devriez faire comme ce petit garçon, qui est très sage et très obéissant. Adieu, mon petit ami, lui dit-elle; venez jouer avec Ernest quand vous voudrez.

A quelques jours de là, Ernest tomba, en jouant, dans une pièce d'eau. Paul Seeburg, qui était un peu plus grand que lui, s'y jeta après lui et le remit sur ses pieds. Tous deux en avaient à peu près jusqu'au cou. Pendant ce temps, la petite Cornélie criait comme un·paon. On vint à leur secours, et on retira les deux enfans. On·coucha Ernest, qui tremblait de peur et de froid. Paul se prit à pleurer.

— Qu'as-tu, petit Paul?

— C'est que maman va me gronder.

— Pourquoi cela?

— Parce que je vais rentrer tout mouillé.

— On va te changer avec les habits d'Ernest.

— Les miens n'en seront pas moins mouillés. Mon Dieu! comme maman va me gronder!

— Pauvre enfant! elle devrait t'embrasser, au contraire, car tu as été brave et généreux.

— Mais, mes habits...

— Eh bien! dit monsieur Morsy, je vais te reconduire; je lui dirai ce qui est arrivé, et elle ne te grondera pas.

De ce jour, la connaissance fut faite entre madame Seeburg et la famille Morsy.

Mais le lendemain, Ernest eut la fièvre et resta au lit. Paul vint le voir et fit tout ce qu'il put pour l'amuser. L'enfant fut malade pendant quelques jours. Quand il fut convalescent, on le portait au jardin, où il restait assis. Paul et Lilie étaient à ses côtés. Paul était ingénieux pour trouver des amusemens tranquilles : il faisait des bulles de savon avec un chalumeau de paille; il usait des noyaux sur des grès et les perçait pour en faire des sifflets.

— Est-ce vrai, Paul, demanda Cornélie, que si on plantait des noyaux en terre, il viendrait des arbres?

— On me l'a dit, répondit Paul, mais je n'ai jamais essayé.

— J'aimerais bien faire venir des arbres, dit Cornélie.

— Veux-tu que nous en plantions un?

— Oui, je veux bien.

— Il sera à nous deux.

— Et quand il sera grand, nous partagerons les fruits... Mais où le planter?

— Ah! voilà. Vous n'avez donc pas de jardin, vous deux?

— Non.

— Ah! moi, quand nous demeurions à la ville, papa avait un grand jardin, et j'en avais un petit dedans que je cultivais moi-même.

— Et cela t'amusait-il bien?

— Joliment, va; j'avais de belles fleurs et des fraises, et de tout.

— Je vais demander à maman qu'elle me donne un jardin.

— Et à moi aussi, dit Ernest.

Madame Morsy assigna un jardin à Ernest et un à Cornélie, et elle voulut que Paul eût aussi le sien.

Au bout de quelques jours, Ernest n'en voulut plus parce qu'il ne le soignait pas, qu'il était plein d'orties, et qu'on lui faisait des reproches.

Cornélie et Paul restèrent fidèles à leurs jardins; ils étaient séparés seulement par une ligne tracée sur le terrain. Sur cette ligne les deux enfans plantèrent un noyau de pêche. Leur joie fut grande que je ne le saurais dire quand ils virent le germe sortir de terre.

Mais bientôt finit la belle saison. Monsieur Morsy avec sa famille reprit le chemin de la ville. En quittant la campagne, il fit une visite à madame Seeburg, qui annonça qu'elle ne retournerait pas à la ville jusqu'à la fin de son deuil. Monsieur Morsy lui pria de ne se gêner pour se promener dans son jardin, dont il lui laissa la clef.

— Paul, cria Cornélie en passant sa petite tête par la portière de la voiture qui les emmenait, aie bien bien soin de notre pêcher.

Pendant l'hiver, la campagne de monsieur Morsy n'était gardée que par un vieux jardinier. Deux ou trois fois, pendant la mauvaise saison, il allait à la ville, soit pour porter des légumes, soit pour prendre les ordres de ses maîtres.

Un jour qu'il revenait, il dit à Paul :

— Paul, mademoiselle Lilie a demandé comment allait son pêcher, et si tu en avais bien soin.

— Et qu'est-ce que vous avez répondu, Jérôme?

— J'ai dit que le pêcher, je ne savais pas s'il y avait un pêcher, mais que tu soignais tous les jours les deux jardins.

Lorsque vint le printemps, Jérôme alla encore à la ville et dit à Paul :

— Paul, je vais voir mademoiselle Lilie... Que faut-il dire pour le pêcher?

— Il faut dire qu'il va très bien. Savez-vous quand ils viendront?

— Mais, à la fin de mai.

— Si tard!

Cette année se passa comme la précédente. C'était au tour de la famille Morsy d'être en deuil. Ils avaient perdu un vieil oncle qui demeurait avec eux depuis longtemps. Madame Seeburg parla en causant avec madame Morsy de son embarras pour trouver un logement à la ville; elle ne voulait pas rentrer dans la maison où était mort son mari.

— Mais, dit madame Morsy, si vous preniez dans notre maison le logement de notre oncle?

— Comment est-il?

— Un peu petit, mais convenable pour vous avec votre Paul et une servante.

— Il n'y a pas de jardin?

— Heu! heu! nous en avons bien un, mais je ne sais si monsieur Morsy voudrait le diviser. Nous lui en parlerons.

On eut beaucoup de peine à obtenir de monsieur Morsy qu'il partageât son jardin. Cependant madame Morsy fit valoir l'avantage de sous-louer à une personne sûre et tranquille un logement qu'ils avaient loué par un long bail avec le leur, et qui leur devenait inutile depuis la mort de l'oncle. Enfin on finit par s'arranger, et les deux familles s'installèrent au mois de novembre dans la même maison, à la grande joie des enfans.

Ernest et Paul furent mis dans la même pension. Paul avait alors onze ans, il était l'aîné des trois enfans. Presque tous les dimanches il passait la journée chez monsieur Morsy. L'été arriva, monsieur Morsy dit à madame Seeburg :

— Il faudra que vous nous donniez Paul pour une partie de la belle saison.

Madame Seeburg promit un mois. Paul n'osa pas demander davantage, tant il redoutait sa mère. Cet été-là, Ernest fut emmené par une de ses parentes qui ne devait le garder que quelques jours, et qui le retint si longtemps, que, lorsque Paul arriva à la campagne, Ernest n'était pas encore revenu. Il passa son mois avec Cornélie ; tous deux s'occupant de leurs jardins, faisant deux lieues dans les bois pour aller chercher un pied de muguet et l'y planter. Paul donnait à Cornélie ses plus belles fraises et ses plus belles fleurs, et éloignait d'elle les abeilles, dont elle avait grand'peur.

Au retour, un grand chagrin attendait les enfans; madame Seeburg, veuve et peu fortunée, avait obtenu pour Paul une bourse dans un collège situé dans une ville éloignée ; il y fut envoyé à la fin des vacances. Paul, Ernest et Cornélie s'embrassèrent en pleurant; ils se promirent de s'écrire, et le pauvre Paul monta en voiture, consolé seulement par l'espoir de venir chaque année aux vacances, et d'en passer une partie chez monsieur Morsy.

Voici une lettre que Paul reçut au bout de quelques mois de séjour :

ERNEST A PAUL.

« Mon cher Paul,

» Nous sommes à la campagne depuis quinze jours. Pourquoi n'étais-tu pas avec moi hier? j'ai fait une superbe excursion. Tu sais, ce vieux voisin si avare, dont on voyait les cerisiers par dessus le mur, et sur le toit duquel tu as volé des iris pour le jardin de Lilie? eh bien! j'ai fait une descente chez lui, et j'ai rapporté plein ma casquette de cerises grosses comme des prunes. — J'ai été le quatrième à la dernière composition, et j'aurais peut-être bien eu un accessit à la distribution des prix si nous étions restés à la

ville. — Lilie a laissé tomber dans un bassin sa grande poupée, qui s'est noyée comme j'ai manqué de le faire dans le temps. A propos de Lilie, elle me charge de te dire que *votre pêcher* est plus grand qu'elle, et qu'il a eu quatre fleurs cette année, à ce que nous a dit Jérôme, car nous sommes arrivés trop tard pour les voir.

» Adieu, ton ami,

» ERNEST.

» Quand commencent les vacances chez vous? Viens-tu cette année comme nous l'espérons. »

PAUL SEEBURG A ERNEST MORSY.

« Mon cher Ernest,

» Ça n'est pas si amusant ici que la pension; il faut que je *pioche dur*. Maman dit qu'elle n'a pas de fortune à me laisser, et il faut que je me fasse un état; cependant j'espère te voir aux vacances, c'est-à-dire dans trois mois. J'ai fait une épitaphe en latin pour la poupée de Lilie. Tu trouveras dans cette lettre des graines que tu lui donneras; ce sont des reines-marguerites panachées magnifiques. Dis-lui d'en semer dans son jardin et dans le mien. J'espère que tu ne marcheras pas dessus comme tu fais toujours.

» Adieu. Je t'embrasse ainsi que Lilie. Ton ami,

» PAUL. »

Les vacances arrivèrent, et Paul Seeburg se mit en route pour la ville. Comme la route lui semblait longue! Il avait appris au collège une foule de jeux innocens ; il savait faire des bagues de crin et des canards en papier qui marchaient. A peine fut-il arrivé, à peine eut-il embrassé sa mère, qu'il demanda quand il partirait pour la campagne de monsieur Morsy.

— Tu en es tout revenu, répondit madame Seeburg ; je ne veux plus que tu les voies.

— Pourquoi donc ça, maman? Vous étiez si amis!

— Nous n'avons jamais été *amis*. C'étaient des connaissances que je cultivais moins pour moi que pour le plaisir que tu trouvais avec leurs enfans ; monsieur Morsy est un homme grossier ; il s'est fort mal conduit envers moi. Je quitterai la maison dans six mois.

— Je vais bien m'amuser pendant les vacances, alors! moi qui suis si content de revenir!...

— Tu feras comme tu faisais avant de les connaître.

Paul écrivit à Ernest pour lui faire part de son chagrin. Ernest lui répondit que monsieur Morsy avait pensé que, malgré sa brouille avec madame Seeburg, Paul viendrait de même passer un mois à la campagne. Il déplorait d'autant plus cet incident, qu'il avait institué une balançoire aux deux grands frênes du fond du jardin, et que Lilie avait une petite chèvre apprivoisée qui était tout ce qu'il y avait de plus joli ; il conseillait à Paul de s'efforcer d'obtenir de sa mère la permission de venir ; son père, monsieur Morsy, le recevrait comme autrefois, etc.

Paul montra la lettre à madame Seeburg ; madame Seeburg refusa net. Dans la discussion qu'elle avait eue avec monsieur Morsy, celui-ci lui avait dit :

— Cela passera, madame, cela passera.

— Non monsieur, avait-elle dit, cela ne passera pas; vos procédés sont odieux, et je ne vous les pardonnerai pas.

— Je sais bien que ce sera un peu plus long parce que vous avez tort ; mais c'est égal, cela passera.

— Non, monsieur, avait répliqué madame Seeburg, plus irritée encore de voir qu'on ne voulait pas prendre sa colère au sérieux; non, monsieur, cela ne passera pas, et je quitterai votre maison à la fin de la saison.

— Vous ne la quitterez pas, ma chère madame Seeburg et j'en suis tellement sûr que je ne chercherai pas le moins du monde à louer votre logement ; cela se passera.

Ainsi, l'assurance bienveillante d'une bonne réception pour Paul ne faisait pas aux oreilles de madame Seeburg sonner autre chose que l'ironique *cela se passera* de monsieur Morsy.

Paul pria, supplia, pleura ; ce fut en vain.

Voici, du reste, ce qui avait brouillé les deux familles : M. Morsy, comme on l'a vu, ne s'était décidé que péniblement à céder à madame Seeburg la moitié de son jardin. Les deux jardins étaient séparés également par une large allée. Au bout de quelques mois, madame Seeburg trouva que cette allée était trop large, que c'était une perte de terrain déplorable, et elle en fit labourer la moitié, qu'elle joignit à son jardin en forme d'*alluvion* ou de *relais*.

Monsieur Morsy en fut contrarié : il avait l'habitude de se promener dans cette allée avec deux de ses amis qui venaient le voir assez fréquemment. Dans la nouvelle situation de l'allée, il était impossible, en se promenant à trois, de ne pas se choquer les coudes de temps en temps. Cependant madame Morsy obtint de lui qu'il ne dirait rien à madame Seeburg, et qu'il ferait semblant de ne pas s'en être aperçu.

Mais que devint monsieur Morsy lorsqu'un matin il vit le jardinier de madame Seeburg occupé à bêcher dans son jardin une partie tirée au cordeau !

Madame Seeburg trouvait maintenant l'allée trop étroite, parce qu'on avait marché sur sa bordure, et elle reprenait sur la part de jardin de monsieur Morsy de quoi lui rendre sa largeur primitive. Monsieur Morsy exaspéré ordonna au jardinier de suspendre son travail jusqu'à ce qu'il eût vu sa maîtresse. Le jardinier fut impoli, monsieur Morsy le prit par les épaules et le mit dehors.

Par suite, une explication avait eu lieu entre madame Seeburg et monsieur Morsy, et avait amené la brouille dont le pauvre Paul était la victime.

Les vacances de Paul se passèrent tristement. Quelques jours avant son départ pour le collége, la famille Morsy revint de la campagne. Paul embrassa avec effusion les deux enfans qu'il trouva dans le jardin ; ils lui racontèrent leurs plaisirs ; il leur raconta ses ennuis. Paul et Ernest se promirent de s'écrire quand ils seraient de retour au collége. Cornélie, qui avait presque onze ans, annonçait déjà une grande beauté. Comme les trois enfans causaient ensemble, ils s'étaient assis sous une tonnelle de vigne vierge dans le jardin de madame Seeburg. Celle-ci survint et renvoya les petits Morsy, en renouvelant à Paul la défense de leur parler à l'avenir. Les enfans rentrèrent chez eux aussi tristes que Paul. Cornélie pleurait ; monsieur Morsy demanda et apprit la cause de leur chagrin, et tout à fait fâché que la mauvaise humeur de madame Seeburg allât jusqu'à lui donner des façons offensantes à l'égard de ses enfans, il leur défendit à son tour de parler à Paul.

Paul partit et rentra au collége en proie à une tristesse amère.

En général, les gens plus âgés n'ont aucune pitié des larmes de l'enfance ; la cause qui les fait couler n'a plus d'intérêt pour eux, et ils la trouvent futile. Cependant l'enfant auquel on casse un polichinelle est aussi malheureux que le ministre auquel on ôte sa place ; les places, les honneurs, les croix, ne sont autre chose que les polichinelles de l'âge mûr.

L'année d'ensuite, Paul passa les vacances au collége. Pendant l'année, il avait envoyé plusieurs fois à Cornélie des graines du jardin qu'il avait fait au collége ; Cornélie lui avait envoyé à son tour des graines de *leur jardin*, de sorte qu'ils cultivaient, admiraient, respiraient les mêmes fleurs.

Paul était d'un naturel timide, comme tous les gens fiers ; il frayait peu avec ses camarades ; il lisait beaucoup, son imagination s'exaltait par la solitude et la lecture.

Bientôt il n'eut plus aucune nouvelle des compagnons de son enfance. Ernest alla passer six mois près d'un parent qui demeurait en province ; la correspondance fut interrompue et ne recommença pas ; d'ailleurs, il commençait à prendre d'autres intérêts dans la vie ; Paul était pour Ernest un excellent compagnon pour les jeux de l'enfance, qu'il méprisait souverainement maintenant qu'il

aspirait à être un jeune homme ; ce n'est que vingt ans plus tard qu'on aime à parler des parties de balle et de toupie. Quand Paul sortit du collége, madame Seeburg quitta la ville et alla se confiner dans une campagne avec une de ses amies, après avoir placé son fils chez un banquier.

Paul au bout de quelques mois se fâcha avec le banquier, et le quitta sans en prévenir sa mère. Il chercha longtemps une autre place, mais, d'hésitations en déceptions, il finit par entrer contre-basse dans un théâtre de la ville, où l'on jouait l'opéra et le ballet.

Or, la place de Paul à l'orchestre était, comme il arrive souvent aux contre-basses, tout près de la rampe qui était fort élevée, de sorte qu'il lui était absolument impossible de rien voir de ce qui se passait sur le théâtre. Il y avait deux ans qu'il y allait tous les soirs, et la seule chose qu'il eût jamais vue était les deux pieds de devant d'un cheval gris qui, dans *Fernand Cortez*, avait eu peur, et, s'élançant sur l'orchestre, avait brisé trois ou quatre quinquets avant qu'on pût le retenir.

Il vivait ainsi seul, calme, mélancolique, se réfugiant dans les rêves qu'on-tait à vingt ans, amoureux fou, d'un amour auquel il ne manquait plus qu'un objet ou un prétexte.

Un jour, à la sortie du théâtre, il rencontra un grand jeune homme portant des lunettes et de gros favoris, qui lui dit :

— Eh ! bonjour Paul ; comment vas-tu ?

— Bien ; et toi ? répondit machinalement Seeburg.

Il ne reconnaissait nullement son interlocuteur, mais Paul aurait été si embarrassé et si malheureux que quelqu'un auquel il aurait parlé en le tutoyant ne sût pas son nom, qu'il n'osa causer ce chagrin au jeune homme qui l'abordait, certain d'ailleurs qu'il allait le reconnaître dans une seconde ou deux.

— Comme il y a longtemps que nous ne nous sommes vus !

— Oui, bien longtemps, répondit Paul, qui continuait à ne pas se rappeler.

— Et que fais-tu ?

— Je suis musicien à l'orchestre du théâtre.

— Ah ! coquin, tu dois t'en donner avec les actrices.

— Je t'assure que non, dit Paul, qui n'osa pas affirmer qu'en fait d'acteurs et d'actrices il n'avait jamais vu que les deux pieds du cheval gris dont nous avons parlé plus haut.

— Allons donc ! allons donc ! tu es un fameux hypocrite. Où demeures-tu ?

— Au coin de la place du marché ; et toi ?

Paul ici était triomphant ; il n'était plus temps de demander le nom d'un homme qu'il tutoyait depuis un quart d'heure, mais l'adresse allait sans doute l'éclairer.

— Toujours au même endroit, répondit l'inconnu. Il faut que tu viennes me voir, nous causerons ; mais tu ne feras plus l'hypocrite. Tu dois joliment t'amuser. Adieu, à bientôt.

A bientôt.

Et l'inconnu disparut.

Paul y pensa quelques jours, sans pouvoir deviner qui pouvait être son ami. Il le rencontra depuis trois ou quatre fois, mais il était avec d'autres jeunes gens, et continuait à tutoyer Seeburg qui le tutoyait de son côté.

Un soir qu'on ne jouait pas à l'Opéra, il alla passer la soirée dans une maison où on dansait. Il reconnut son ami inconnu au milieu d'une contre-danse. Il tâcha de le rejoindre, mais il partit ou se perdit dans la foule ; il lui fut impossible de le retrouver. Il s'adressa à la maîtresse de la maison et lui dit :

— Quel est le nom de ce jeune homme qui dansait tout à l'heure avec mademoiselle votre fille ?

— Je ne le connais pas ; c'est un de ses amis qui me l'a amené, et je n'ai pas fait attention au nom qu'il a dit en me le présentant.

Enfin il prit son parti, et, la première fois qu'il le rencontra, c'était dans la rue, il l'aborda et lui dit :

— Monsieur, vous allez me trouver bien extravagant, mais il faut que je vous dise la vérité. Voilà bientôt trois mois que nous nous rencontrons de temps en temps, que nous nous tutoyons de toute notre force, et je vous jure sur l'honneur que je ne vous connais pas le moins du monde, que je ne vous ai jamais vu, et que je ne sais absolument pas qui vous êtes.

— Ah çà ! tu plaisantes, Paul·

— Nullement.

— Ce serait drôle si c'était moi qui me trompais. N'êtes-vous pas Paul Seeburg ?

— Oui, monsieur.

— Comment! tu es Paul Seeburg, et tu ne te rappelles plus Ernest, Ernest Morsy ?

— Quoi! Ernest? Eh! mon Dieu ! c'est que tu es si grandi, si changé !

— C'est sans doute ma barbe qui me change.

— C'est possible. Mais comment, c'est toi ! Comment vont ton père et ta mère ?

— Très bien. J'étais étonné de ta froideur ; tu ne me demandais des nouvelles de personne, et tu ne me parles pas de ma sœur Lilie. Elle parlait de toi encore hier. J'avais raconté que je t'avais rencontré, et elle disait : — Pourquoi ne vient-il donc pas nous voir ?

— Je ne sais, ai-je dit, mais je l'ai trouvé froid et peu amical. — Cela s'explique à présent. Quand viens-tu dîner à la maison ?

— Demain, si tu veux.

— Nous t'attendrons demain. Ah çà ! pense que Lilie est à présent une grande demoiselle, et ne dis rien devant elle... tu sais.

— Mais non, je ne sais pas.

— Ta, ta, ta ! un gaillard qui passe toutes ses soirées au théâtre. Les actrices... les danseuses... on sait ce que c'est.

— Mais je t'assure, Ernest...

— Allons donc !... Ne manque pas demain, à six heures.

— Sois tranquille ; à demain.

— A demain.

Comme Cornélie est belle, et surtout de quelle chaste et pure beauté ! Jamais Paul n'avait ressenti une pareille impression. Comme il aurait voulu pouvoir la regarder sans être obligé de parler ! car, entre toutes les pensées qui s'agitaient pêle-mêle dans sa tête, comme des abeilles dans une ruche fermée, la moins extraordinaire l'eût fait passer pour fou à lier, s'il l'eût exprimée tout haut.

Elle parle ! Quelle voix mélodieuse et vibrante ! Quel malheur qu'il faille lui répondre ! elle parlerait encore. Quelle douce et enivrante musique que cette voix !

Les femmes ne croient pas à l'amour quand on le sent réellement ; ceux-là seulement leur paraissent amoureux qui leur récitent correctement l'amour qu'ils ont ressenti pour une autre.

Cornélie, qui voit Paul Seeburg embarrassé et timide, veut le mettre à son aise, et parle théâtre pour amener un sujet qui doit lui être familier, car Ernest a dit à elle et à ses parens : J'ai retrouvé Paul Seeburg ; il est contre-basse à l'Opéra.

Les parens avaient froncé le sourcil.

Cornélie donc parla des opéras nouveaux. Mademoiselle *** est bien maigre, dit-elle.

— Mais non, dit Ernest.

CORNÉLIE. — Je m'en rapporte à monsieur Seeburg.

SEEBURG. — Je ne l'ai jamais vue.

CORNÉLIE. — Quelle lâcheté ! Vous n'osez vous prononcer contre mon frère !

ERNEST. — Quelle bassesse ! c'est pour ne pas contredire Lilie.

Seeburg prit alors le parti d'avouer que, depuis qu'il était à l'Opéra, il n'avait jamais vu qu'une chose, et encore par accident, à savoir les deux pieds du cheval gris qui avait cassé les quinquets.

Les parens respirèrent plus à l'aise en voyant que Seeburg n'était pas un habitué de coulisses.

Ernest trouva son ami moins heureux qu'il ne l'avait supposé.

Pour Cornélie, elle rit de si bon cœur, que les larmes brillaient dans ses yeux.

Paul se mit également à rire, et se trouva plus à son aise.

CORNÉLIE. — Eh bien ! tant mieux ! Je croyais que vous étiez devenu un autre homme, que nous avions à faire connaissance sur de nouveaux frais. Je vois avec plaisir que vous n'êtes pas changé, et que vous êtes toujours le sauvage compagnon de notre enfance. Tant mieux ; je puis vous parler simplement, et surtout vous parler d'autrefois. Notre pêcher est magnifique.

SEEBURG. — J'y ai pensé bien souvent, à notre pêcher. Je me rappelle encore le jour où nous avons planté le noyau. Comme il a plu ce soir-là, et comme nous avons été mouillés !

CORNÉLIE. — Il a eu plus de cinquante pêches l'année dernière.

ERNEST. — Tu viendras en manger cette année.

A ces paroles, qui le refaisaient de la famille, Seeburg eut envie de s'enfuir pour aller rêver à son aise dans un endroit où il ne fallût pas parler, pour aller se livrer à la joie délicieuse qui s'épanouissait dans son âme. Il avait envie de pleurer. Retourner à cette campagne, au sein de cette belle et riche nature, sous le rayon de ce beau soleil qui ne lui avait jamais paru ailleurs ni si chaud ni si pénétrant.

Mon Dieu ! quelle belle et ravissante chose que la jeunesse ! Quelle ruine horrible et à laquelle on ne pense pas que la perte de ces belles années ! Mon Dieu ! qui donnera aujourd'hui à l'ananas que je mange dans la porcelaine du Japon la saveur des âpres prunelles que je mangeais, à quinze ans, à même les haies ! O fraîche jeunesse ! qui donne tant de saveur aux fruits des haies et à l'amour de la première jeunesse ! O heureuse jeunesse ! le plus charmant dîner que j'aie fait de ma vie se composait de navets crus dérobés dans les champs !

A quelque temps de là, Paul entendit que la famille Morsy allait dîner à la campagne chez monsieur Bressier. Ernest annonça que cette maison lui était odieuse, et que d'ailleurs il avait une invitation. Paul ne connaissait pas les Bressier ; mais ce qui le chagrinait de plus, c'était de voir inviter un monsieur Arnold Redort, jeune homme qu'il avait trouvé installé dans la maison Morsy lorsqu'il avait renoué connaissance avec Ernest, et qui paraissait s'occuper beaucoup de Cornélie.

Arnold Redort était un garçon plus qu'à son aise, qui avait pris dans le monde le rôle de bouffon. Quelque esprit, du plus commun il est vrai, donnait parfois à ses charges un peu de nouveau et d'imprévu dont on se laissait amuser volontiers, à l'exception de Paul, qui aurait mieux aimé être scié entre deux planches que de laisser échapper le moindre sourire aux lazzis de son rival.

Seeburg, qui avait pris depuis quelque temps l'habitude de voir Cornélie tous les jours, ne savait comment passer cette journée. Aussi alla-t-il se poster dans les environs de la maison Bressier, d'où il espérait la voir un moment sans être lui-même aperçu ; mais il crut que madame Morsy avait fixé les yeux de son côté et l'avait vu. Alors il s'était avancé, et sentant le besoin d'expliquer le hasard qui l'amenait si à propos, il avait prétexté une leçon de musique qu'il donnait une fois par semaine dans une maison de campagne voisine.

Le soir, il mit soigneusement dans l'eau les branches d'iris qu'il avait conquises. Le lendemain, il alla chez monsieur Morsy. Au moment d'entrer, il mit dans son chapeau les fleurs qu'il tenait à la main ; il ne voulut pas les donner en entrant, parce que monsieur Redort était là ; il attendait son départ. Quand il fut parti, il lui sembla qu'il aurait été plus naturel de les donner tout de suite et que les parens pourraient s'étonner. Monsieur Morsy sortit ; madame

Morsy alla porter quelques ordres dans l'antichambre. Paul voulut partir et donner ses fleurs à Cornélie; mais il était si ému, si troublé de se voir seul avec Cornélie, qu'il fut presque heureux de voir rentrer la mère. Enfin il s'en alla ce soir en remportant ses fleurs, qu'il déchira et jeta quand il fut dehors, en pleurant de rage de sa lâcheté.

— Diable! se dit l'âme de feu Bressier, je n'avais pas prévu que ce garçon, si hardi contre le fusil de Pierre, le serait si peu contre les yeux doux et baissés d'une jeune fille!

IX.

Les réflexions de Seeburg n'étaient pas des plus gaies. Si par momens il pensait qu'il était aimé de Cornélie, il savait une chose d'une manière certaine, c'est que monsieur Morsy ne la lui donnerait pas, du moins dans la situation précaire à laquelle le sort l'avait condamné. D'autres fois, quand le bon accueil de monsieur Morsy lui laissait concevoir de ce côté un moment d'espérance, il considérait la possession de Cornélie comme un bonheur si grand, qu'il n'y croyait pas plus qu'à la lampe merveilleuse d'Aladin.

Cornélie, de son côté, pensait beaucoup à Paul. Elle avait passé plusieurs années en pension avec d'autres filles, et elle avait beaucoup causé d'amour et d'amant. D'autre part, elle lisait en cachette des romans que lui prêtait à la campagne une pauvre vieille femme à laquelle elle donnait quelques secours.

Ces romans étaient assez niais et assez ridicules; mais qui voudrait lire des romans, si on n'entendait en les lisant que ce qu'ils disent? Ils ne sont bons qu'à toucher dans le cœur certaines cordes, qui, une fois ébranlées, résonnent délicieusement.

Voici, du reste, quelques-uns des titres de ces romans. Ne pensez pas que je les invente; ils sont encore sur les catalogues de bien des cabinets de lecture : *Giannina et Ludomir;* —*l'Espagnol, ou la Tombe et le Poignard;*—*Mélina de Breslange, ou les Souterrains du château d'Arfeld;* —*Odalie, ou le Vœu criminel;* — *Pawliska, ou la Perversité;* — *Albano, ou les Horreurs de l'abîme;*— *l'Urne dans la vallée solitaire;*—*le Monastère de Sainte-Colombe, ou le Chevalier aux armes rouges;* — *Mareska et Oscar;* — *Ladouski et Floriska;* — *Lomelli, le hardi Brigand, ou la Caverne de la Vengeance;* — *la Main mystérieuse, ou les Horreurs souterraines.*

Cornélie savait bien qu'elle était belle et qu'elle avait dans la vie droit à un roman; elle y était parfaitement préparée. Elle aimait Seeburg; leurs deux âmes s'étaient épanouies ensemble comme deux fleurs sur la même tige. Mais Paul ne ressemblait à aucun des amoureux qu'elle eût jamais vus. Ce n'était pas Ludomir, c'était encore moins Albano. L'amoureux des romans est un gaillard audacieux dont les filles ne sauraient trop se défier. La stratégie qu'avait apprise Cornélie était donc toute défensive. Elle avait en magasin des myriades de refus pour toutes les circonstances : c'était une marchandise assez embarrassante vis-à-vis d'un homme qui ne demandait jamais rien.

Certes, Cornélie ne pouvait douter un moment que Paul ne fût amoureux d'elle; elle avait surpris cent fois ses yeux attachés sur elle; elle l'avait senti trembler en lui pressant la main pour passer un ruisseau; elle avait vu ses complaisances inouïes pour toute la maison. Lui, qui ne riait guère d'habitude, riait aux éclats des plaisanteries de monsieur Morsy; il compatissait aux chagrins un peu vulgaires de madame Morsy. Il déplorait la perte d'un poulet volé par un chat, ou la désobéissance d'un domestique, ou une tache de bougie sur un meuble.

Elle savait bien, par ce qu'elle connaissait de ses occupations, qu'il n'allait jamais autre part que chez eux. Elle s'était aperçue que ses courses, de quelque côté qu'il eût affaire, le faisaient toujours passer par la rue qu'ils habitaient. Elle le voyait changer de couleur si un homme lui parlait un peu bas. Elle avait remarqué qu'il était silencieux et embarrassé lorsqu'il se trouvait seul avec elle; sa présence, quand elle était avec d'autres personnes, lui donnait plus de vivacité et d'esprit. Elle avait un peu essayé de mettre son âme dans le ciel et dans l'enfer successivement, dans l'espace d'une minute, par un mot bienveillant ou un air dédaigneux; en un mot, elle savait qu'il l'aimait de toutes les forces de son âme. Mais il n'en est pas moins vrai qu'il ne faisait pas de *déclaration;* que, dans tout ce qu'elle avait lu sur l'amour, il y avait une infinité de choses, et des plus charmantes, qui ne venaient chacune en son rang qu'après la déclaration. La déclaration d'amour est comme la déclaration de guerre; elle doit précéder les premières attaques et les premières hostilités.

Un jour, à la campagne, Seeburg perdit un portefeuille et Cornélie le trouva. Je ne vous dirai pas combien de fois et de combien de manières elle se dit à elle-même qu'elle n'avait pas le droit de violer le secret d'autrui. J'arriverai tout de suite au résultat de toutes ces excellentes pensées, de toutes ces phrases sévères; c'est qu'elle ouvrit le portefeuille. Elle y trouva des vers.

On dit que les vers font le plus grand plaisir aux femmes; je n'ai de ma vie osé en donner quatre à aucune. Cependant un de mes amis me disait dernièrement en parlant de l'infidélité d'une maîtresse qui le désole :

— Elle a de l'esprit, eh bien! l'homme qui me l'enlève l'a séduite avec des vers de seize pieds!

Les vers de Seeburg avaient ceci de supérieur à tous les vers connus, qu'ils parlaient de Cornélie, de *ses charmes* et de l'amour de Paul. Comme tous les vers de ce genre, les uns étaient adressés aux échos, quelques-uns à la lune, d'autres aux étoiles, ceux-là à une fleur, ceux-ci à une ceinture.

A UNE VIOLETTE.

O toi qui vas mourir au sein de Cornélie,
. . . .

A LA LUNE.

Belle lampe d'argent, dans l'éther suspendue,
O lune pâle, j'ose à cette heure attendue
Dire tout bas le nom...

AUX ÉCHOS.

Vous qui sonniez hier la fanfare bruyante,
Qui répétiez les cris des chiens et des chasseurs;
Échos, ne mêlez pas a ces grandes clameurs;
Le nom, le nom chéri...

AUX ÉTOILES.

Non, non, plus de ces fleurs qu'on donne aux autres femmes.

Étoiles, fleurs de feu sur le ciel noir semées,
Belles étoiles, je voudrais
Vous cueillir, vous mêler aux tresses parfumées
De ses tresses de jais.

A UN RUBAN.

. . . .

A UN GANT.

. . . .

— Hélas! se dit Cornélie, il déclare son amour à mon gant, aux fleurs, aux arbres, à la lune, aux étoiles; il n'y a donc qu'à moi qu'il n'en veut absolument pas parler.

Paul, du reste, menait une vie singulière : les jours d'opéra, il rentrait chez lui se coucher pendant quatre heures, puis il se mettait en route pour la campagne de monsieur Morsy, à pied, car ses finances ne lui permettaient guère l'usage des voitures; il repartait après le déjeuner s'il y avait opéra le soir; dans le cas contraire, il partageait la chambre d'Ernest et ne repartait que le lendemain.

Un jour qu'il n'y avait pas de spectacle, il arriva pendant qu'on était à table; il se promena dans le jardin, plus heureux peut-être d'y attendre Cornélie qu'il ne l'avait été la veille de s'y promener avec elle. Près d'elle, en effet, il éprouvait dans son cœur une lutte incessante; il voulait parler et ne l'osait pas. Il ressemblait au coupable qui voudrait arrêter la voix du juge qui va lire sa sentence. Le jour s'éteignait, il entra dans un salon qui donnait sur le jardin, et s'y assit dans un fauteuil; comme il se livrait délicieusement à ses rêveries, Cornélie entra.

— Il y a du monde à dîner, lui dit-elle; ce sont des hommes; mon père et Ernest prennent le café avec eux; moi, je me suis échappée, je vous avais vu entrer, et j'ai laissé M. Redort au milieu d'une histoire qu'il avait annoncé devoir être extrêmement divertissante.

Il se fait quelquefois de singulières opérations dans l'esprit des amoureux. On sait l'histoire d'un soldat qui, au moment où les trompettes donnaient le signal du combat, retourna à sa tente en disant : — Tiens ! j'ai oublié ma montre ! C'est à peu près ce que fit Seeburg : il était seul avec Cornélie, presque dans l'obscurité; l'obscurité augmente l'audace des amans de tout le courage qu'elle ôte aux autres hommes. Il fallait enfin lui parler de son amour; ne pas lui déclarer qu'il l'aimait dans une occasion aussi rare, aussi favorable qu'il l'appelait depuis longtemps de tous ses vœux, c'était à peu près lui déclarer qu'il ne l'aimait pas. Cornélie, de son côté, espérait entendre enfin ces paroles tant attendues; cependant, lorsqu'elle croyait que Paul allait les prononcer, elle avait peur et elle disait quelque chose au hasard pour retarder un moment qu'elle désirait de toute son âme quand il semblait éloigné, qu'elle redoutait horriblement quand elle le voyait s'approcher.

Paul, en l'entendant parler de monsieur Redort, s'avisa de lui faire une querelle.

SEEBURG.— Vous sembliez cependant, l'autre soir, prendre du plaisir à l'entendre.

CORNÉLIE.— Quel autre soir ?

SEEBURG.— Avant-hier. Après cela, c'est un jeune homme très gai, très *spirituel.*

CORNÉLIE.— Je gage que vous ne pensez pas un mot de ce que vous dites.

SEEBURG.— Pardonnez-moi, je vous ai vue l'écouter avec attention.

CORNÉLIE. — Je ne vous parle pas de cela, je vous parle de son esprit et de l'éloge que vous m'en faites.

Ils furent quelque temps sans parler. Cornélie lui vit remuer les lèvres, elle sentit son cœur défaillir, et se hâta de dire :

— Il a fait bien chaud aujourd'hui.

Paul ne répondit pas. Il y eut encore un moment de silence, puis ils échangèrent quelques paroles insignifiantes. Paul pensa : — Il faut que je parle ou que je ne revienne jamais ici. Il avait les yeux fixés sur la porte du salon qui avait un vitrage en verres de couleur. Les couleurs disparaissaient les unes après les autres, à mesure que la nuit arrivait. Le bleu était éteint, le rouge s'obscurcissait ; Paul se dit : — Après tout, je vais parler ; si elle repousse l'aveu de mon amour, tout sera fini, je parlerai quand on ne verra plus du tout le rouge du vitrail. — Le rouge s'éteignit à son tour. Paul sentit mille millions d'épingles dans sa gorge.

Cornélie raconta que son rosier mousseux blanc était en fleurs.

— Allons, dit Paul, quand le jaune disparaîtra.

Le jaune disparut. Paul toussa.

Un domestique apporta deux bougies, toute l'audace de

Paul s'évanouit comme un fantôme à la lueur du premier jour. Cornélie se leva pour cacher sa rougeur ; car depuis qu'ils causaient ensemble, et pendant que Paul lui disait tant de choses niaises et inutiles, elle entendait dans son cœur : Cornélie, je vous aime.

— J'ai bien fait de ne pas parler, se dit Seeburg, absolument comme si cela avait été un effet de sa volonté ; il vaut mieux écrire ; quelqu'un ou elle-même aurait pu m'interrompre dès les premiers mots. Une fois qu'elle aura ma lettre, elle la lira tout entière ; elle saura combien elle est adorée. J'écrirai.

Il écrivit, mais il n'eut pas occasion de donner sa lettre. Quelques jours après, il se trouva seul avec Cornélie, il chercha son épître ; mais il songea que ce papier, plié dans sa poche depuis trois ou quatre jours, devait être sale aux endroits des plis ; il faudra le recopier : il le recopia. Mais quand il voyait Cornélie, ou elle n'était pas seule, ou elle avait un air plus sérieux que de coutume, ou bien encore l'impression qu'il recevait de sa présence n'était pas celle qui avait dicté la lettre. La lettre était ou trop froide ou trop véhémente, ou bien encore Cornélie avait une certaine robe bleue montante qui lui donnait un air de pureté angélique, de sérénité sévère, et il refaisait une autre lettre.

X.

Pendant ce temps, l'âme de feu Bressier, qui au commencement, trompée par l'idée qu'elle avait conçue de l'audace de Paul, d'après la scène qui s'était passée sur le toit de chaume, avait cru ne pas devoir le quitter un instant dans la crainte de ne pas saisir le moment opportun pour rentrer dans la vie, l'âme de feu Bressier commençait à se permettre quelques distractions et à se livrer aux occupations des âmes en disponibilité, occupations à quelques-unes desquelles j'ai consacré un chapitre au commencement de ce récit. Un jour qu'elle récoltait les graines dans les gousses des giroflées jaunes d'un jardin, et qu'elle allait en semer quelques-unes dans les fentes du clocher d'une vieille église, elle vit l'église ornée comme pour une grande fête ; des carrosses encombraient les rues voisines, les cochers avaient d'énormes cocardes ; tout une verminaille de mendians de profession assiégeaient les portes et étalaient leurs plaies comme d'autres marchands étalent leurs marchandises ; l'orgue remplissait la nef d'une musique céleste : c'était une noce. L'âme de feu Bressier vit passer la mariée, qui était encore plus jolie que Cornélie ; elle se posa dans les fleurs d'oranger de sa coiffure. — Ma foi ! pensait l'âme, je ne dois rien à Paul Seeburg pour que je lui sacrifie une si bonne occasion.

Mais, mon Dieu ! quel est le vieux singe qui se met à genoux auprès d'elle ? ça pourrait être son père. Elle ne l'aime pas, c'est impossible.

La malheureuse se vend pour ce luxe qui l'entoure, pour ces riches dentelles, pour ce carrosse qui l'attend à la porte.

Oh ! horrible prostitution, et la plus horrible de toutes ! On ose parler avec mépris d'une pauvre fille qui se vend pour avoir du pain ; et celle-là, parce qu'elle se vend plus cher, parce qu'elle n'y est pas contrainte par la nécessité, on la recevra dans le monde, on l'honorera, elle n'excitera que l'envie !

L'âme de feu Bressier s'échappa portée par la fumée des encensoirs. Cependant elle était fort impatientée des lenteurs de Paul Seeburg, elle ne voyait aucune raison pour que cela finît jamais. Aussi voyant au haut d'une maison une fenêtre tapissée de capucines en fleurs qu'arrosait une petite couturière à la mine éveillée, elle se rappela sans doute quelques chansons que fredonnait défunt Bressier et elle se dit : — Ah ! c'est dans les mansardes, c'est au sein de la pauvreté qu'existe le véritable amour. — Elle entra dans la mansarde et assista à la toilette de la jolie fille, qui attendait son amant pour aller passer à la campagne le reste de la journée. Elle mettait une robe rose avec une ceinture bleue, elle s'enlaidissait de tout ce qu'elle possédait de rubans, de tulle, de bijoux faux : ainsi que ne manquent jamais de le faire toutes ces pauvres filles quand elles veulent se faire belles le dimanche, elle tourmentait péniblement, en tire-bouchons de mauvaise grâce, des cheveux bruns si beaux toute la semaine quand elle les lissait en bandeau sur son front.

L'amant ne tarda pas d'arriver ; c'était un honnête ouvrier, brave et beau garçon les jours de travail, fort, alerte, aisé dans ses mouvemens avec sa veste de velours bleu et sa casquette ; mais le dimanche c'était une autre affaire, il avait une longue redingote bleue qui lui tombait jusqu'aux talons, un pantalon de nankin, des gants verts, un chapeau placé sur le côté qu'il ne quittait jamais, les cheveux tournés en accroche-cœur sur les tempes, un cachet de montre en cornaline sur le ventre. Dans la semaine, avec ses habits de travail, il était gai et sans façon, disait ce qu'il pensait avec les premiers mots qui lui venaient ; mais le dimanche il parlait lentement et faisait entre les mots d'inimaginables liaisons invariablement en *z*, *j'ai z'été*, *j'ai z'arrivé*, tandis que les jours de travail, ou il n'en faisait pas, ou il les faisait simplement en *t*, et disait tout bonnement *j'ai t'été*, *j'ai t'arrivé*.

Il embrassa Rosalie, mais l'âme de feu Bressier, qui attendait dans un imperceptible duvet aux coins de la bouche de la jeune fille, fut presque asphyxiée par une odeur combinée d'ail, de mauvais tabac et d'eau-de-vie ; elle s'échappa tandis que la pauvre Rosalie recevait tranquillement cette caresse sans s'inquiéter le moins du monde d'une odeur qu'elle croyait appartenir à l'homme en général.

L'âme de Bressier retourna voir un peu ce que faisait ou plutôt ce que ne faisait pas Paul Seeburg. Il recopiait pour la huitième fois sa lettre à Cornélie. Cette fois il n'y avait pas moyen de faire autrement ; depuis plusieurs jours il la gardait dans sa poche sans oser la donner, et elle était usée et coupée sur tous les plis.

L'âme comprit qu'elle pouvait encore s'absenter, sauf à revenir si elle ne trouvait pas mieux.

XI.

Dans l'appartement de Marcel se trouvaient trois ou quatre de ses amis, et l'on causait de choses diverses. Marcel faisait profession de Lovelace ; c'était du reste un homme d'une élégance parfaite ; plein d'assurance et de témérité, il disait que, quoi qu'il eût pu faire, il s'était plus d'une fois repenti de n'avoir pas été assez hardi avec une femme, mais jamais encore de l'avoir été trop.

Alors chacun se mit à raconter quelque anecdote dont le narrateur était le héros, se rengorgeait de telle façon qu'il était facile de voir que leurs bonnes fortunes ne leur avaient, en aucun moment, donné un plaisir égal à celui qu'ils ressentaient en les racontant.

On vint à parler d'une femme qui avait alors dans le monde une grande réputation de beauté : — Pour celle-là, elle est sage, dit un des interlocuteurs. J'en mettrais ma main au feu.

— La tienne, je ne dis pas, s'écria Marcel ; j'en mettrais volontiers *ta* main au feu : mais, pour la mienne, j'y regarderais à deux fois.

— Tu es une mauvaise langue.

— Moi ! nullement ; je tiens à mes mains, et voilà tout.

— Je vous dis qu'elle est sage et qu'il n'y a rien à faire par là.

— Qu'avez-vous donc à sourire, Marcel ?

— Je ne souris pas.

— Vous avez souri quand Arnold a dit qu'il n'y avait rien à faire par là.

— C'est vrai, mais c'est que c'est ainsi que se fondent les grandes réputations de vertu. Si la vanité des femmes les perd quelquefois, celle des hommes les sauve tout aussi souvent. Il ne s'agit pour une femme que de rebuter un ou deux hommes qui ne lui plaisent pas pour que ceux-ci considèrent à jamais comme inexpugnable la femme qui a résisté à leur mérite, et se mettent à la proclamer *impossible*. Mon cher Arnold, tu es très laid, tu as fait la cour à madame d'Erghem, tu n'as pas réussi, et tu crois qu'on ne peut pas réussir.

On rit quelques instans de cette sortie contre le malheureux Arnold.

ARNOLD. — On dirait vraiment que Marcel n'a jamais été repoussé.

MARCEL. — Je l'aurais été comme un autre, si je n'avais la prudence de ne jamais m'avancer qu'à coup sûr.

ARNOLD. — Tu ne nieras pas cependant que tu t'es occupé de madame d'Erghem tout l'hiver dernier ?

MARCEL. — Et pourquoi est-ce que je ne le nierais pas ?

ARNOLD. — Parce que je le sais d'une manière certaine, parce que je savais par la bouquetière que tu lui envoyais des bouquets tous les jours. Voilà donc une fois où tu ne t'es pas avancé à coup sûr.

MARCEL. — Et qui te dit cela ?

ARNOLD. — Toujours la bouquetière, mon pauvre Marcel. Il faut que tu payes par un peu d'humiliation ton impertinence de tout à l'heure. Tes bouquets étaient parfaitement refusés.

MARCEL. — On reconnaît bien des gens accoutumés à séduire des grisettes qui n'ont jamais vu repousser l'offre, quelque brutale qu'elle fût, d'une commode et de six chaises en noyer.

EUGÈNE. — J'ai chaud à la main d'Arnold.

ARNOLD. — Quelle main ?

EUGÈNE. — A la main que tu voulais mettre au feu tout à l'heure.

ARNOLD. — Ne te presse pas tant. Enfin, Marcel, explique-toi, tu nous as dit tout à l'heure que tu ne t'étais jamais avancé qu'à coup sûr. Je te prouve que tu t'es fort avancé auprès de madame d'Erghem : avoues-tu que c'est une exception à ta règle de conduite, ou prétends-tu avoir réussi ?

MARCEL. — Tu m'ennuies, Arnold.

ARNOLD. — Et toi, tu m'amuses ; tu voudrais bien nous laisser croire à un triomphe, sans nous le dire tout à fait. Ton *Tu m'ennuies* est un odieux mensonge, si tu n'as pas réussi ; car pour moi cette phrase équivaut au récit le plus détaillé de la victoire la plus complète.

MARCEL. — Je ne te répondrai plus. Parlons d'autre chose.

ARNOLD. — Pas encore. Il me faut un oui ou un non.

MARCEL. — Eh bien ! oui ; et n'en parlons plus.

ARNOLD. — Je parie mon cheval bai, dont tu as tant envie, contre la bride du tien que tu ne m'en donnes pas une preuve.

MARCEL. — Quelle preuve ?

ARNOLD. — Une bien simple.

MARCEL. — Je t'avertis d'avance que je ne ferai rien qui puisse la chagriner ou la compromettre.

ARNOLD. — Cette délicatesse sied à ravir à un gaillard qui vient de nous dire ce que nous savons ; mais sois tranquille, cette preuve, tu ne la donneras qu'à moi seul.

Le soir, Arnold vint trouver Marcel et lui dit :

— Sais-tu que monsieur d'Erghem est parti ?

MARCEL. — Oui.

ARNOLD. — Et tu vas en profiter ?

MARCEL. — Non.

ARNOLD. — Alors je te réclamerai demain devant nos amis la bride de ton cheval.

MARCEL. — Tu es un entêté ; eh bien ! reste avec moi jusqu'à une heure du matin et tu verras.

ARNOLD. — Volontiers ; fais faire du punch et donne-moi une pipe.

Vers une heure un quart, les deux amis s'approchèrent de la maison de madame d'Erghem. Arnold se chargea de faire le guet, et Marcel, à la grande stupéfaction de son ami, en s'aidant d'un arbre placé près du mur du jardin, monta sur la crête et sauta dans le jardin. Arnold eut la défiance et la patience de rester près du mur pendant une demi-heure, puis, se frottant les mains, il disparut.

L'âme de feu Bressier avait entendu dire, quand elle était dans le monde, que les enfans de l'amour étaient toujours plus beaux, plus spirituels, plus hardis et plus heureux que les autres ; il lui prit comme un caprice de naître de cette façon : elle suivit Marcel.

Quand Marcel fut dans le jardin, il s'alla cacher dans un buisson fort touffu où il resta pendant un quart d'heure, après quoi il revint près du mur et allait repasser du jardin dans la rue, quand il aperçut Arnold en faction auprès du mur.

La vérité est que Marcel avait fait la cour à madame d'Erghem, mais sans succès ; il s'était, sans le vouloir, laissé pousser par Arnold jusque dans une position embarrassante ; les phrases ambiguës que lui avait fait faire une sotte vanité l'avaient amené à quelque chose qui, même à ses yeux, ne pouvait passer pour une plaisanterie et avait quelque chose d'odieux. Il aurait volontiers donné la bride et le cheval avec pour n'avoir pas accepté la gageure et pour avoir avoué tout simplement que madame d'Erghem était une exception à la règle de conduite qu'il s'était tracée.

Quelques gouttes tombèrent des nuages, puis bientôt les nuages se déchirèrent et laissèrent échapper des torrens de pluie. Marcel voulut franchir le mur, mais il passait une patrouille ; il n'était pas moins mouillé que s'il fût tombé dans une rivière. Ce n'est que le matin, aux premières lueurs du jour, après avoir subi le froid qui précède l'aurore, même dans les plus chauds jours, qu'il put s'échapper et rentrer chez lui exténué, mouillé, transi, enrhumé.

Il se coucha ; mais il était à peine huit heures qu'Arnold arriva avec deux de leurs amis qui la veille avaient été témoins du pari.

— Bonjour, Marcel. Encore couché ? Je le crois bien. Du reste, tu n'as pas beaucoup dormi, heureux coquin !

MARCEL. — Commencez par vous en aller tous, et laissez-moi dormir.

ARNOLD. — Le cheval est dans ta cour.

MARCEL. — Quel cheval ?

ARNOLD. — Le cheval que j'ai perdu, mon cheval bai.

MARCEL. — Allons donc ! garde ton cheval et laisse-moi dormir.

ARNOLD. — Comment ! tu ne l'as donc pas gagné ? Alors tu avoues que tu mentais quand tu nous disais que tes soins auprès de madame d'Erghem n'avaient pas été infructueux ? Sais-tu que ce serait là une action bien plus laide que mon visage.

MARCEL. — Allons donc, Arnold, tu fais là des phrases pour le plaisir de pérorer ; tu sais mieux que personne à quoi t'en tenir sur notre pari ; mais ce n'était pas un pari sérieux, et tu peux remmener ton cheval.

ARNOLD. — Je sais à quoi m'en tenir... c'est selon.

MARCEL. — Je m'en rapporte à Charles et à Théodore ; tu ne m'as pas quitté hier de la soirée, tu m'as vu franchir la muraille et sauter dans le jardin ; mais tu m'ennuies fort avec tes gageures : j'ai fait hier une indiscrétion dont je me repens, et je m'impose la punition de ne pas accepter ton cheval.

ARNOLD. — Que tu as si bien gagné.

MARCEL. — Certes.

ARNOLD. — Encore un mot, et ce sera tout : A quelle heure es-tu sorti ?

MARCEL. — Au point du jour.

ARNOLD. — Vrai ! eh bien ! alors tu as dû être joliment trempé !

MARCEL. — Non, la pluie a tombé vers deux heures.

ARNOLD. — C'est égal, tu as dû être bien mouillé ; j'ai bien ri tout le temps de l'averse.

MARCEL. — Je ne vois pas ce qu'il y avait là de si comique.

ARNOLD. — Ah ! si fait bien ; je pensais aux heures délicieuses que tu passais.

MARCEL. — Eh bien ?

ARNOLD. — Eh bien ! il y a, malheureux, que tu as passé ta nuit à la belle étoile, si tant est qu'on en pût voir par le temps qu'il faisait ; il y a que la maison était entièrement inhabitée ; que madame d'Erghem est partie avec son mari ; que, pour nous faire croire à ta calomnie, tu t'es promené dans le jardin toute la nuit ; que tu as reçu une horrible averse ; que tu n'oserais nous montrer l'habit bleu à boutons guillochés que tu avais hier.

MARCEL. — Pourquoi ?

ARNOLD. — Parce que, si l'on tordait ce malheureux habit, on en ferait sortir un orage. Donne-moi ta bride, pauvre Lovelace.

MARCEL. — Crois-tu donc que je ne savais pas l'absence de madame d'Erghem ? j'ai voulu me moquer de toi.

ARNOLD. — Oui vraiment ! c'est égal, donne-moi ta bride.

L'âme de défunt Bressier retourna encore auprès de Paul Seeburg.

XII.

Le matin, en allant à la messe, Cornélie s'aperçut qu'elle n'avait pas de bouquet, et elle envoya Seeburg lui en chercher un au jardin. Paul mit son épître dans le bouquet ; mais, au moment de rentrer dans la maison, il pensa que, si le papier n'était pas assez caché, d'autres personnes pourraient le voir ; que, s'il était trop caché, Cornélie elle-même ne le verrait peut-être pas ; et si, en voyant la lettre, elle disait tout haut : Monsieur Paul, qu'est-ce donc que ce papier qui est dans mon bouquet ? il n'aurait qu'à ouvrir une fenêtre et se jeter sur le pavé de la cour. Il remit le billet dans sa poche.

Vers le milieu du jour, la servante dit : Ah ! mon Dieu ! je n'ai pas pensé à cueillir les fraises.

— Ne te tourmente pas, ma bonne, dit Cornélie, je vais les cueillir. Monsieur Paul, voulez-vous m'aider ?

Elle mit sur sa tête un chapeau de paille et alla au jardin en mettant ses gants. Paul la regardait marcher, chacun de ses mouvemens le ravissait. Arrivés auprès d'une planche de fraises, tous deux se mirent à genoux et commencèrent à cueillir les fruits rouges cachés sous les feuilles. Cornélie ne tarda pas à ôter ses gants : Je suis trop maladroite comme cela, dit-elle, et mes mains redeviendront blanches cet hiver. La main de Paul, presque malgré lui, se rapprochait de celle de Cornélie ; il cueillait la fraise qui était la plus proche de celle que cueillait mademoiselle Morsy. Une fois leurs deux épidermes se touchèrent. Paul sentit comme un coup électrique le frapper au cœur ; il retira brusquement sa main et cueillit quelques fruits dans une autre partie de la plate-bande. Mais il n'y avait qu'un seul petit panier que Cornélie avait apporté, et quand Paul avait cueilli cinq ou six fraises, il fallait qu'il les donnât à mademoiselle Morsy, qui les mettait dans le panier. Paul tremblait qu'à chaque instant elle ne s'avisât de placer le panier entre eux deux, car chaque fois qu'il lui donnait les fraises cueillies, sa main touchait la main chérie de mademoiselle Morsy ; chaque fois il mettait un peu plus de temps à donner les fraises, et il prolongeait ainsi le contact des deux mains. Une fois il laissa sa main si longtemps dans celles de mademoiselle Morsy, qu'elle la retira un peu vite. Alors Paul n'osa plus toucher cette main ; il lui sembla que Cornélie était justement irritée contre lui. Il prit le panier et le mit entre eux deux.

Mais bientôt leurs mains se rencontrèrent cueillant la

même fraise ; chacun retira la sienne. Ils levèrent les yeux, et leurs regards se rencontrèrent brillans et humides. La main de Cornélie était restée comme frappée de torpeur sur les feuilles des fraisiers ; leurs yeux restaient fixés les uns sur les autres par cette pointe acérée du regard qui pénètre et pique le cœur presque douloureusement. Paul rapprocha sa main de celle de Cornélie. Cornélie tremblait ; elle retira un peu sa main, celle de Paul s'avança davantage, les deux mains se touchaient aussi peu qu'il est possible. Je ne sais si Paul eût jamais osé saisir la main de Cornélie, mais quelqu'un entra au jardin. Cela lui donna du courage, car il ne redoutait au monde que Cornélie ; il s'empara de la main de Cornélie, la serra dans la sienne, où était passée son âme tout entière. Cornélie répondit par une légère pression.

Et tous deux rentrèrent à la maison porter à la cuisine les fraises qu'ils avaient cueillies.

— Il n'y en a guère, dit la servante ; je dirai au jardinier d'arroser les fraisiers ; il fait si chaud, la terre est desséchée.

Paul avait le cœur rempli d'une joie ineffable ; il lui semblait que le monde entier lui appartenait. A dîner, il était bon comme tous les gens heureux dans le cœur ; il avait avec les convives une affabilité tout à fait royale. Son amour avoué et partagé l'élevait si haut, qu'aucune blessure ne pouvait aller jusqu'à lui. Il y a toujours dans la haine un peu de crainte ; celui qui ne craint personne ne hait personne. Paul, de son ciel, n'avait pour les autres hommes que des sentiments affectueux mêlés d'un peu de commisération pour ces pauvres diables condamnés à s'occuper des choses de la terre, quand lui jouissait de la gloire et du bonheur des anges ! Pour la première fois il rit des plaisanteries d'Arnold Redort, qui racontait la mystification de Marcel à propos de madame d'Erghem.

XIII.

Le premier pas fait en amena un second ; Paul écrivit et donna sa lettre. Cornélie ne répondit qu'à la troisième. Ils échangèrent le serment de vivre l'un pour l'autre. Cornélie assura son amant qu'elle saurait résister à toutes les obsessions de sa famille, qu'elle ne serait jamais qu'à lui, qu'elle se garderait pour lui !

Ce fut tout ; on en resta là. Paul trouvait moyen de toucher une fois de temps à autre le bout des doigts de Cornélie, de lui glisser une lettre et de recevoir sa réponse. Il passait une partie de la nuit et toute la journée du lendemain à relire cent fois cette lettre, à rechercher dans son cœur le son de la voix de mademoiselle Morsy, pour relire à lui-même avec cette voix les mots qu'elle avait tracés.

Le reste des choses de la vie avait perdu tout intérêt à ses yeux. Un soir, au théâtre, il passa trois mesures malgré les signes menaçans du chef d'orchestre. Dans l'entr'acte, celui-ci lui fit d'amers reproches.

— Monsieur Seeburg, vous avez passé quatre mesures.

— Qu'est-ce que cela fait ? répondit froidement Seeburg.

Le chef d'orchestre crut qu'il devenait fou.

Un soir qu'il n'y avait pas d'étrangers, comme, après dîner, on parlait de choses et d'autres, madame Morsy dit :

— Il est arrivé un grand malheur à ces pauvres Cotel.

— Qu'est-ce ? demanda monsieur Morsy.

MADAME MORSY. — Tu sais, leur sœur, celle qu'on appelle Agathe ?

MONSIEUR MORSY. — Celle qui n'est pas mariée ?

MADAME MORSY. — Et qui probablement ne le sera jamais.

MONSIEUR MORSY. — Pourquoi ?

MADAME MORSY. — A cause du malheur dont je te parle.

MONSIEUR MORSY. — Quel malheur ?

MADAME MORSY. — Cornélie, va donc me chercher mon dé d'or dans ma boîte à ouvrage.

Cornélie sortit.

MADAME MORSY. — Eh bien ! un jeune homme a été surpris par le père Cotel, sortant la nuit de la chambre d'Agathe.

MONSIEUR MORSY. — Diable !

MADAME MORSY. — Quel malheur ! Une fille assez jolie, avec de la fortune. C'est une existence perdue.

MONSIEUR MORSY. — Mais pourquoi ne lui fait-on pas épouser le jeune homme ?

MADAME MORSY. — C'est une pauvre diable qui n'a rien, pas même une position, pas même un état.

MONSIEUR MORSY. — N'importe ! est-ce un honnête homme ?

MADAME MORSY. — On ne dit rien contre lui sous ce rapport.

MONSIEUR MORSY. — Certes, je ne donnerais pas volontairement ma fille à un homme qui n'aurait pas une fortune au moins égale à la sienne ; Cornélie a été élevée dans l'abondance, et a d'ailleurs un goût naturel pour le luxe : mais, s'il nous arrivait un pareil malheur, le jeune homme l'épouserait.

MADAME MORSY. — Mais... mon ami...

MONSIEUR MORSY. — Et s'il refusait, j'enverrais mon fils se battre avec lui, et si mon fils était tué, je me battrais à mon tour. Quand je devrais ne jamais revoir ni mon gendre ni ma fille, je préférerais ce chagrin au désespoir que me donnerait le déshonneur de Cornélie. Je ne comprends pas les Cotel ; il n'y a pas, selon moi, à hésiter.

MADAME MORSY. — Les Cotel sont nobles et s'appellent Cotel de Germency ; le jeune homme est fils d'un paysan.

MONSIEUR MORSY. — N'importe ! D'abord un homme sage qui a des filles ne doit pas recevoir chez lui d'homme tout à fait *impossible*.

MADAME MORSY. — Tout cela est bien facile à dire. Toi, par exemple, n'as-tu pas admis ici, comme s'il était de la famille, ce petit Paul Seeburg ?

MONSIEUR MORSY. — C'est bien différent.

MADAME MORSY. — Cela me paraît, au contraire, être tout à fait la même chose.

MONSIEUR MORSY. — Ah bien ! celui-là, il n'y a pas de danger qu'il se laisse aller à des audaces dangereuses ; je n'ai jamais vu de fille aussi timide. Je ne l'ai jamais vu parler à une femme, à toi-même, sans que ses oreilles devinssent rouges comme l'écarlate.

MADAME MORSY. — D'autre part, il faut dire que Cornélie est, sous le rapport de l'amour, aussi niaise et aussi sotte qu'une enfant de trois ans.

Cornélie, qui avait parfaitement compris pourquoi sa mère avait aussi subitement besoin d'un dé dont elle ne se servait jamais, avait eu soin de rester derrière la porte à écouter ce qu'on tenait tant à lui cacher. Elle rentra alors et dit qu'elle n'avait pas trouvé le dé.

Ce qu'elle avait entendu occupait singulièrement son imagination. Il était évident que son père et sa mère étaient d'accord sur ce point, qu'ils ne la donneraient pas à Paul, que cependant il n'était pas impossible qu'ils fussent unis ; mais elle n'osait pas penser au seul moyen qui faisait que cette union n'était pas impossible. Elle n'était pas non plus très contente que sa mère eût dit qu'elle était niaise et sotte comme une enfant de trois ans. Le lendemain, elle reçut une lettre de Paul. Il lui disait « qu'il s'occupait de leur avenir ; qu'il allait bientôt apprendre *la composition*, parce qu'ensuite il ferait un opéra ; *si* l'opéra était joué, et *si* il réussissait, cela lui donnerait tout d'un coup une position et de l'argent, et il n'aurait plus alors qu'à se laisser aller au courant. Du reste, il jurait à Cornélie une fidélité inaltérable, et il lui rappelait les sermens qu'elle lui avait faits elle-même de l'attendre... toujours, s'il le fallait. »

Cet avenir dont parlait Paul avait le défaut d'être un peu lointain, et hérissé de beaucoup trop de *si*. D'ailleurs, elle ne savait pas si monsieur et madame Morsy n'auraient plus rien à objecter lorsque monsieur Paul Seeburg aurait fait un opéra, *si* il était joué, et *si* il réussissait. Elle croyait même savoir que cela les toucherait médiocrement.

Il y avait une pensée qui suivait de près ces idées décourageantes, c'était le cas où son père *forcerait* Seeburg à l'épouser. Il y avait cependant dans cette pensée quelque chose qui l'effrayait assez, mais Cornélie, comme tous ceux qui ont fait leur éducation avec les romans, avait plus de beaux sentimens dans la tête que dans le cœur. D'ailleurs, elle pensait que l'époux lui pardonnerait la faiblesse qu'elle aurait eue pour l'amant; et encore que risquait-on avec Paul? Ne pouvait-elle, tout en restant innocente, se compromettre assez pour rendre son mariage indispensable aux yeux de son père? n'était-ce pas, d'ailleurs, le seul moyen d'être la femme de Paul ?

Elle lui écrivit :

« Rentrez cette nuit par la petite porte du jardin qui *sera ouverte ;* vous m'y trouverez, j'ai à vous parler. »

Paul relut cent fois ces deux lignes. Quand il ne le lisait pas, il touchait le papier plié dans sa poche, pour s'assurer que c'était bien vrai, que la lettre était là, cette lettre qui lui promettait un rendez-vous ! avec elle ! la nuit ! dans ce jardin !

Le soir, il quitta de bonne heure la famille Morsy, pour aller plus tôt attendre le moment de revenir ; il alla se cacher dans un taillis sur lequel donnait la petite porte indiquée ; mais, quand il vit s'éteindre une à une toutes les lumières qui brillaient à travers les vitres de la maison, quand le calme profond dans lequel cette maison parut s'endormir, lui montra *qu'il était temps*, son cœur commença à battre avec violence, des frissons fréquens lui passèrent sur le corps ; il eût voulu, pour tout au monde, retarder d'une heure, d'une minute, le moment d'entrer dans le jardin. Arrivé à la petite porte, il s'arrêta un instant pour respirer, puis il frappa un coup à la porte, pour avertir Cornélie, qu'il était là ; mais il entendait son cœur battre avec tant de bruit, qu'il n'était pas sûr d'avoir frappé. Cependant il poussa la porte qui s'ouvrit comme d'elle-même ; il la referma, et fit quelque pas dans le jardin. Cornélie n'y était pas encore : d'abord il en fut bien aise, cela lui donnait le temps de calmer la violence de ses émotions ; mais, au bout d'une minute, il en fut désespéré, et le même homme qui, il n'y a qu'un instant, aurait presque consenti à ne pas voir Cornélie qui l'attendait, quand il n'y avait pour cela qu'à pousser une porte ouverte, maintenant qu'il pensait qu'elle ne pouvait pas venir était résolu à s'introduire dans la maison par une fenêtre, et à aller chercher celle qu'il aimait. Comme nous l'avons déjà pu remarquer, il n'avait peur au monde que de Cornélie.

Bientôt une forme blanche se dessina à travers le feuillage ; l'âme de feu Bressier avait singulièrement compté sur cette nuit-là, toute la journée avait été orageuse ; les feuilles et les fleurs, fatiguées de la chaleur, se relevaient sous les fraîches haleines de la nuit. L'âme de feu Bressier secouait les branches fleuries des acacias pour en faire tomber les parfums.

Cornélie et Paul Seeburg s'assirent sur un banc. Paul avait ceci prendre la main de mademoiselle Morsy, et la tenait dans la sienne. Ils ne parlaient pas; c'était cette fois Cornélie qui avait un peu peur de Paul. Qu'auraient-ils dit? Paul était tout occupé de désirs et d'espérances que pour rien au monde il n'eût osé exprimer. Cornélie était en proie à une terreur mystérieuse dont elle ignorait elle-même la cause; il lui aurait été impossible de dire ce qu'elle redoutait. Cependant Paul finit par rompre le silence. Il parla de l'avenir, du temps où *elle serait à lui;* il jura d'avoir du courage et de la mériter. Cornélie répondit à ce serment par un serment de constance éternelle. Mais il y avait dans la nuit, dans la lumière de la lune qui se dégageait de temps en temps des nuages, dans le feuillage noir, dans les parfums des fleurs et des arbres, dans ce silence profond, dans l'air qu'ils respiraient, tant d'amour et tant de volupté, que les deux amans, tout en parlant de l'avenir, s'abandonnaient à chaque instant davantage au

présent : la tête de Cornélie tomba sur la poitrine de Paul, Paul entoura d'un de ses bras le corps de sa charmante maîtresse, leurs mains se pressaient étroitement. Cornélie sentait dans ses cheveux l'haleine brûlante de Paul.

— Paul, lui dit-elle, comment se fait-il que j'aie peur auprès de vous?

Paul, qui à ce moment avait posé ses lèvres sur les cheveux de mademoiselle Morsy, releva vivement la tête.

Elle ajouta :

— Mais vous serez, vous êtes mon mari ; le ciel a entendu nos promesses et nos sermens, nous sommes mariés; n'est-ce pas, je ne fais pas mal d'être ici avec vous ? n'est-ce pas que mon mari me pardonne ?

Alors elle releva sa tête charmante pour attendre la réponse de Paul. Paul sentit sur son visage l'haleine de Cornélie, ses lèvres s'approchèrent de la bouche de cette fille adorée.

L'âme de feu Bressier voltigeait entre ces deux bouches amoureuses.

Paul se leva brusquement, et, d'une voix pleine d'enthousiasme, dit :

— O Cornélie ! ne crains rien de Paul Seeburg ; je n'abuserai pas de la noble confiance et de la charmante candeur. O Cornélie ! tu peux confier ton honneur au mien ; ton amant te gardera pure à ton époux.

Ceci ne manque pas de grandeur et de noblesse, mais il y avait au fond encore plus d'embarras de la part de Seeburg. Les femmes ne savent pas toute la timidité des hommes, et je parle des plus audacieux; on sait que Paul n'était pas de ceux-là.

Cornélie fut étonnée, et comprit alors que la terreur qu'elle avait ressentie, et dont elle se trouvait délivrée, n'était pas sans un mélange de plaisir.

En faisant venir Paul au jardin, Cornélie avait un plan, mais un plan à peine aperçu : il fallait qu'un accident, une surprise, mît monsieur Morsy entre la crainte du déshonneur de sa fille et la nécessité de la donner à Paul Seeburg; elle avait exécuté immédiatement la première partie du plan, celle qui n'amenait que le plaisir de voir Paul, de passer seule avec lui quelques heures de nuit dans le jardin. La seconde partie ne se présentait à l'imagination qu'escortée de craintes, de colère, de reproches, de honte : c'était celle qui consistait à se laisser, ou plutôt à se faire surprendre; elle n'osait aborder cette seconde partie, et, malgré son intention d'être surprise, elle pensa qu'il valait mieux que ce fût un autre jour, ou plutôt elle ne pensa plus qu'au bonheur d'être avec son amant, à parler du passé et de l'avenir, de lui avouer tous les regrets, tous les désirs qu'elle lui avait cachés avec tant de soins depuis qu'elle l'aimait; de lui raconter tout ce qu'elle avait pensé, et sous leur pêcher, et auprès du bassin, et sous la tonnelle de chèvrefeuille. Elle ne pensait pas à rien désirer de plus et surtout à rien préparer; aussi fut-elle saisie d'effroi quand elle entendit marcher dans le jardin.

— Oh ! mon Dieu ! on vient, Paul ! sauvez-vous.

Paul passant sur ses lèvres la main de Cornélie et se précipita vers la petite porte, mais il y trouva un homme qui la gardait ; Paul n'hésita pas, se jeta sur l'inconnu, le renversa, et s'échappa par dessus son corps.

C'était le jardinier, qui s'écria :

— Quoi ! c'est vous?

Pour Cornélie, demi-morte de frayeur, elle avait regagné sa chambre et s'était mise au lit précipitamment ; mais si sa mère était venue placer la main sur le cœur de la pauvre fille, elle aurait tout compris à ses battemens violens et irréguliers.

Peu à peu elle se calma. Elle avait entendu le jardinier ; il avait reconnu Paul Seeburg, dans deux heures son père saurait tout; c'était le but qu'elle avait voulu atteindre, et beaucoup plus tôt qu'elle ne l'avait espéré, et cependant elle avait peur à un degré qui lui faisait par momens regretter son imprudence. Elle se répétait les paroles de son père à propos d'une circonstance semblable, et elle s'exhortait elle-même au courage en se faisant voir en perspective le mariage et le bonheur. Malgré tout cela, elle n'osa pas descendre déjeuner, et fit dire qu'elle était malade. Sa mère vint près d'elle et la trouva endormie, car elle avait fini par céder à la fatigue et aux émotions de cette nuit sans sommeil.

Pour monsieur Morsy, il était extrêmement agité. Le jardinier lui avait rapporté qu'ayant, vers deux heures et demie, entendu parler dans le jardin, il s'était levé, en avait fait le tour, et, trouvant ouverte la petite porte du bois, n'avait pas hésité à penser que les gens qui s'étaient introduits dans le jardin comptaient s'en aller par le même chemin; qu'au lieu de les poursuivre inutilement dans le jardin, où la nuit leur aurait permis de l'éviter, il s'était tranquillement posté à la porte; que là en effet il n'avait pas tardé à voir arriver un des maraudeurs, mais que celui-ci s'était jeté brusquement sur lui, l'avait renversé et s'était enfui.

— Du reste, monsieur, ajouta-t-il, au premier moment, j'ai cru le reconnaître; puis, en y pensant, j'ai vu que c'était impossible.

— Et qui as-tu cru reconnaître, demanda monsieur Morsy.

— Non, c'est impossible, c'est trop bête.

— C'est égal, dis-le.

— Je n'oserai même pas vous le dire, tant cela n'a pas le sens commun.

— C'est possible, mais je veux le savoir.

— Eh bien! monsieur, figurez-vous que dans l'homme qui m'a ainsi bousculé, il m'a semblé voir... Mais non, c'est impossible; il n'y a pas moyen que ce soit lui.

— Jean, tu m'impatientes.

— Mais, monsieur, vous allez dire vous-même que j'aurais mieux fait de me taire, quand je vous aurai dit que celui que j'ai cru reconnaître... c'est monsieur Paul Seeburg.

— En effet, cela n'est pas possible.

— C'est ce que je disais à monsieur. Pour l'autre...

— Quel autre?

— Celui qui causait avec celui-là.

— Eh bien?

— Eh bien! je ne l'ai trouvé nulle part; il faut croire qu'il aura passé par dessus le mur.

— Que penses-tu que ces maraudeurs venaient faire?

— Oh! voler les cerises et les groseilles; ce n'est pas la première fois que cela arrive.

— En a-t-on pris?

— Non.

— C'est bien; ne parle de cela à personne, madame Morsy aurait peur: contente-toi de veiller cette nuit.

— Et mademoiselle Cornélie, c'est elle qui aurait peur! Je prendrai mon fusil.

— Mais je te défends d'y mettre du plomb.

— Pourquoi?

— Qu'il te suffise de savoir que je te le défends. Le vol de quelques cerises ne mérite pas la mort. S'il arrivait un accident, je dirais aux juges que je t'avais défendu de charger ton fusil, et l'affaire serait mauvaise pour toi. Va à ton ouvrage.

Le récit du jardinier laissa monsieur Morsy pensif et inquiet; il craignait plus pour sa fille que pour ses groseilles. D'ailleurs, plusieurs circonstances, en le rassurant sur les fruits, augmentaient son inquiétude sur l'autre point. On ne remarquait aucun désordre aux arbres. La personne qui s'était échappée causait avec une autre, cette personne ressemblait à Paul Seeburg. A ce moment, mille petits incidens qu'il n'avait pas remarqués ou qu'il avait jugés sans importance lui revinrent à la mémoire, et lui firent penser qu'il n'était pas tout à fait impossible que les jeunes gens s'entendissent. Il faudrait que ce petit Paul fût bien sournois!

Monsieur Morsy avait une affaire qui l'appelait à la ville d'ailleurs, il n'était pas fâché de sortir de la maison pour mettre de l'ordre dans ses idées. S'il se trompait, si l'on n'en voulait qu'à ses cerises, il ne voulait pas laisser soup-

conner à sa fille ce qu'il avait cru possible un moment, et il ne se sentait pas assez maître de lui pour garder un visage impassible et être avec elle comme de coutume. Il ne voulait non plus parler de rien à sa femme, qui, dans sa colère, aurait procédé par questions directes et par violence.

Quand il fut parti, Cornélie se trouva mieux et se leva. Elle ne tarda pas à rencontrer Jean au jardin. Jean examinait ses cerises et ses groseilles et disait:

— C'est étonnant!

— Et qu'y a-t-il d'étonnant, maître Jean?

— Oh! rien du tout, mademoiselle; c'est que je me parlais à moi-même.

— Mais vous vous disiez à vous-même : C'est étonnant! Qu'est-ce que vous trouviez étonnant?

De question en question, elle fit tout raconter à Jean, malgré la défense de monsieur Morsy, et il ajouta :

— Il a beau dire, je mettrai un petit peu de plomb dans mon fusil.

— Ne vous en avisez pas, Jean, au nom du ciel! s'écriait-elle.

— Mademoiselle, des maraudeurs, des voleurs, ne valent pas la pitié que vous et monsieur vous avez pour eux.

— Mais si ce n'étaient pas des voleurs.

— Et que voulez-vous que ce soit alors, mademoiselle?

— C'est vrai, Jean. Et vous n'avez pas reconnu l'homme qui vous a échappé.

— Non, mademoiselle.

— Ah!

— Quand je dis non, c'est-à-dire j'avais cru reconnaître; mais c'était trop bête; je ne voulais pas le dire à monsieur; il m'a forcé de lui dire qui, et quand je lui ai dit, il a pensé comme moi que cela n'avait pas de sens.

— Et qui aviez-vous cru reconnaître, Jean?

— Je vous dis, mademoiselle, que je n'ai reconnu personne; il m'avait semblé trouver au voleur une ressemblance avec M. Paul Seeburg. Ne lui dites pas, au moins, il se moquerait de moi.

— Et vous l'avez dit à mon père?

— Il l'a voulu absolument.

— M. Morsy rentra pour l'heure du dîner; le résultat de ses réflexions fut que le jardinier ne s'était pas trompé, que le maraudeur était Paul. Du reste, il avait décidé de voir les jeunes gens ensemble et de les observer. A l'air soucieux qu'il gardait malgré lui, Cornélie soupçonna les pensées qui l'agitaient. A chaque instant, elle frissonnait de peur d'une question; elle était, du reste, résolue à tout avouer.

XIV.

Une fois hors du jardin, Paul courut quelque temps, puis il s'arrêta devant un taillis. En un instant, il pensa qu'il avait été reconnu, que Cornélie était perdue, déshonorée, qu'il fallait la sauver. Un moyen se présenta à son imagination; il le saisit sans perdre de temps à l'examiner. Un cheval était attaché à un piquet, selon l'usage des campagnes, où, dans les temps chauds, on fait passer aux bestiaux la nuit dehors. Il le détacha, monta dessus, cueillit une forte branche de coudrier, et le fit partir au galop vers la ville. La branche du coudrier communiquait à l'animal une partie de l'ardeur et de l'empressement du cavalier; d'ailleurs, il avait retrouvé de la vigueur dans les pâturages.

Arrivé à la porte de la ville, Paul descendit, tourna la tête du cheval du côté opposé, lui donna un coup de baguette en disant : J'espère qu'il va retourner chez lui. Le cheval s'en alla en effet au petit trot, en suivant le chemin qui devait le conduire où Paul l'avait pris. Pour Seeburg, il ne s'amusa pas à le regarder. Il s'avança rapidement dans la ville, et, voyant une fenêtre encore éclairée, il prit un caillou et le jeta dans une vitre qu'il brisa en éclats.

On cria de la chambre : — Eh bien ! qu'est-ce que c'est que cela ?

Une seconde pierre, qui cassa une seconde vitre, fut la seule réponse.

— Attendez, je vais descendre avec une trique.

— Descendez, répondit Seeburg.

— Ça ne sera pas long, répondit la voix.

Mais à ce moment un homme de police passait par cette rue ; il mit la main sur le collet de Paul, et, quand l'habitant de la chambre attaquée descendit avec un formidable gourdin, il trouva son agresseur en conversation avec l'agent de la force publique.

— Qu'est-ce que vous faites là ? disait l'agent.

— Comme vous voyez, je casse des vitres.

— Ah ! ah ! Et pourquoi cassez-vous des vitres ?

— Menez-moi chez le commissaire.

— Plus vite que vous ne le pensez, mon gentilhomme.

— Mais, disait l'homme au bâton, c'est que je ne le connais pas ; je ne l'ai jamais vu. J'étais là à travailler quand la pierre est arrivée. Je ne lui ai jamais rien fait, à cet homme, et j'en suis pour quarante sous de carreaux.

— Je vous donnerai cinq francs.

— Alors, monsieur l'agent, laissez-le aller...

— Je ne sais si je dois.

— Vous ne le devez pas, agent, s'écria Seeburg ; vous devez me conduire chez le commissaire le plus voisin, et sans tarder.

— Mais si monsieur consent...

— A condition qu'il me donnera les cinq francs qu'il m'a offerts.

— Si vous me laissez aller, je vous dénoncerai. Vous, je vous donnerai vos cinq francs si vous venez chez le commissaire faire votre plainte. Pour vous, monsieur l'agent, voici pour vous décider.

— Comment ! un coup de poing ! c'est trop fort ; il passera la nuit en prison. Allons chez le commissaire.

L'HOMME AU BATON. — J'y vais aussi ; mais je vais mettre ma redingote.

SEEBURG. — Du tout, vous êtes très bien comme cela. Vous aurez dix francs, mais il faut venir tout de suite.

L'AGENT. — Allons, en route. Nous allons voir si cela vous plaira toujours d'aller chez le commissaire.

L'agent reprit Seeburg au collet ; mais Seeburg marchait tellement vite qu'il l'entraînait. On arriva bientôt chez le commissaire, qui se leva de fort mauvaise humeur.

LE COMMISSAIRE. — Qu'est-ce, Raymond ?

L'AGENT. — C'est un homme que j'ai trouvé cassant des vitres à coups de pierre, et qui m'a donné un coup de poing.

L'HOMME AU BATON. — Mes vitres, mes propres vitres ; mais il a promis de me donner dix francs : je demande qu'on le laisse aller.

LE COMMISSAIRE. — Raymond, vous auriez dû le mener provisoirement à la prison, et ne pas me réveiller pour cela.

L'AGENT. — Il a voulu venir ici ; il veut qu'on dresse un procès verbal.

LE COMMISSAIRE. — Allons, mon ami, indemnisez comme vous l'avez promis l'homme dont vous avez brisé les vitres ; donnez quelque chose à l'agent ; promettez-moi de vous conduire mieux, je vous laisserai aller.

SEEBURG. — Je vous promets de casser le reste de ses vitres et de donner vingt coups de poing à Raymond : voilà tout ce que je vous promets.

LE COMMISSAIRE. — Ah ! ah ! Eh bien, un bon averti en vaut deux ; je consens à payer les vitres que vous casserez cette nuit. Raymond, dénoncez-moi votre procès-verbal.

RAYMOND. — Monsieur le commissaire, je n'ai rien de plus à dire que ce que je vous ai dit.

LE COMMISSAIRE écrivant. — Et vous, l'ami ?

L'HOMME AU BATON. — Moi de même, monsieur le commissaire.

LE COMMISSAIRE écrivant. — Antérieurement, vous n'a-

vez jamais eu de différend ni de discussion avec cet homme ?

L'HOMME AU BATON. — Je ne l'ai jamais vu de ma vie.

LE COMMISSAIRE écrivant. — Vous ne l'avez pas provoqué de votre fenêtre ?

L'HOMME AU BATON. — La fenêtre était fermée ; je travaillais dans le fond de la chambre, quand une pierre a brisé un carreau et est venue tomber presque sur moi.

LE COMMISSAIRE. — C'est bien. (Lisant.) Le samedi 22 juin 18... ont comparu devant nous, commissaire de police du quartier de..., le sieur Raymond, agent de la force publique, et le sieur... Comment vous nommez-vous ?

L'HOMME AU BATON. — Wolgan.

LE COMMISSAIRE. — ... et le sieur Wolgan, qui nous ont attesté que le sieur... Vous vous appelez ?...

SEEBURG. — Paul Seeburg.

LE COMMISSAIRE. — ... que le sieur Paul Seeburg avait vers... Quelle heure était-il, Raymond ?

RAYMOND. — Pas bien loin de trois heures.

SEEBURG. — Il n'était que deux heures et demie.

RAYMOND. — Trois heures moins un quart.

SEEBURG. — Deux heures et demie ; je ne signerai pas le procès-verbal si on y insère des circonstances fausses.

LE COMMISSAIRE. — Etes-vous bien sûr de l'heure, Raymond ?

RAYMOND. — Il est possible que ma montre avance un peu.

SEEBURG. — Votre montre ! elle avance horriblement.

RAYMOND. — Cela m'étonne ; je l'ai remise ce matin à l'hôtel-de-ville.

SEEBURG. — Vous l'avez remise, donc elle n'allait pas bien, donc c'est une patraque. Ecrivez, monsieur le commissaire, que la montre de monsieur est une patraque ; c'est un fait acquis au procès ; sinon, je refuse positivement de signer.

LE COMMISSAIRE. — Après tout, Raymond, si vous n'êtes pas bien sûr de l'heure.

RAYMOND. — Je ne peux pas dire que j'en sois tout à fait sûr, mais cependant...

LE COMMISSAIRE. — Et vous Wolgan ?

WOLGAN. — Pour moi, je ne sais pas.

SEEBURG. — Et moi, je sais qu'il était deux heures et demie.

LE COMMISSAIRE. — Du reste, c'est une circonstance peu importante, et qui ne vous empêchera pas de passer la nuit en prison. Mettons deux heures et demie... — que ledit Seeburg avait, vers deux heures et demie.

RAYMOND. — Il me semble bien, cependant, qu'il était plus près de trois heures que de deux heures et demie.

LE COMMISSAIRE. — C'est égal... — vers deux heures et demie, brisé avec des pierres deux carreaux de vitre de la chambre occupée par ledit sieur Wolgan. Le susnommé Seeburg, dûment appréhendé au corps par ledit Raymond, lui aurait donné un coup de poing ; nonobstant quoi, amené devant nous, accompagné du sieur Wolgan, il n'a nié aucun des faits de la plainte. En foi de quoi nous l'avons envoyé en prison pour qu'il ait à se faire réclamer par quelque personne établie et connue. De tout quoi avons dressé procès-verbal, qu'ont signé le prisonnier, ainsi que l'agent de la force publique Raymond, et le sieur Wolgan, plaignant. Voulez-vous signer, Seeburg ?

SEEBURG. — Bien volontiers. Puis-je avoir une copie du procès-verbal ?

LE COMMISSAIRE. — Vous la recevrez avant midi. Conduisez-le à la prison. Voici le jour ; ce n'est pas la peine de me recoucher.

SEEBURG. — Monsieur le commissaire, je suis vraiment chagrin de vous avoir dérangé.

Un peu après le dîner, ce même jour, monsieur Morsy avait changé d'idée ; il dit à sa femme : — Aglaé, je pense que monsieur Seeburg viendra dans l'après-dîner comme de coutume. Je voudrais causer avec lui ; ne pourrais-tu faire une visite et emmener Cornélie ?

MADAME MORSY. — Quels secrets si terribles as-tu donc

avec Paul ? et qu'est-il arrivé pour qu'en parlant de lui tu dises *monsieur* Seeburg ?

MONSIEUR MORSY. — Oh! mon Dieu ! rien ; c'est pour une affaire... une chose qui a rapport à la musique.

MADAME MORSY. — Je ne savais pas que la musique eût des mystères dont il ne fût pas séant de parler devant des femmes.

MONSIEUR MORSY. — J'ai à parler de musique, il est vrai, mais aussi de quelques autres choses qui intéressent *ce jeune homme*.

MADAME MORSY. — Ecoute, Morsy, tu me caches quelque chose ; depuis ce matin, tu es dans une agitation étrange.

MONSIEUR MORSY. — Tu trouves ?

MADAME MORSY. — J'en suis sûre.

MONSIEUR MORSY. — Eh bien ! tu as raison ; j'ai bien du chagrin. Tu me parlais l'autre jour des Cotel ?

MADAME MORSY. — Oui ; eh bien ?

MONSIEUR MORSY. — Eh bien ! il faut garder pour nous la pitié qu'ils nous inspiraient.

MADAME MORSY. — Comment ! que veux-tu dire? Mais parle donc !

MONSIEUR MORSY. — Cette nuit, le jardinier a entendu causer dans le jardin ; il s'est posté à la petite porte du bois, et là, il a été renversé par un homme qui fuyait ; il a reconnu Paul Seeburg.

MADAME MORSY. — Après?

MONSIEUR MORSY. — Après, il n'a pas trouvé la personne avec laquelle il causait.

MADAME MORSY. — Et tu penses ?...

MONSIEUR MORSY. — Je pense que Paul causait avec Cornélie.

MADAME MORSY. — Et que veux-tu faire ?

MONSIEUR MORSY. — Je voudrais d'abord parler à Cornélie.

MADAME MORSY. — Laisse-moi plutôt lui parler.

MONSIEUR MORSY. — Ne t'en avise pas ! ce serait, si je ne me trompe, éveiller dans sa tête de dangereuses idées. Je parlerai à Seeburg. Il y a moins de risques à se tromper, quoique je croie être sûr ; si par un hasard inouï je me trompais, il croirait que je l'accuse d'avoir cherché à s'approcher de Cornélie, il ne saurait pas que nous avons accusé notre fille de complicité avec lui.

MADAME MORSY. — Mais enfin, que vas-tu lui dire?

MONSIEUR MORSY. — Laissez-moi faire, je saurai bien la vérité.

MADAME MORSY. — Vous autres hommes, vous ne valez rien pour cela ; je suis sûre que tu gâteras tout dès le début. Voyons, que vas-tu lui dire ?

MONSIEUR MORSY. — Je lui dirai sévèrement : Monsieur, asseyez-vous, et parlez-moi franchement.

MADAME MORSY. — Pourquoi prendras-tu un air sévère? et pourquoi l'appelleras-tu monsieur ?

MONSIEUR MORSY. — Pour frapper et étonner son esprit ; pour voir si cet air qui, s'il est coupable comme j'en suis sûr, lui apprendra que je sais tout, lui donnera de la confusion ; pour surprendre ses impressions.

MADAME MORSY. — Eh bien, moi, je pense qu'au contraire ce sera l'avertir de se tenir sur ses gardes et de surveiller ses paroles. Tu ne sauras rien.

MONSIEUR MORSY. — Rapporte-t'en à moi.

MADAME MORSY. — Pas le moins du monde. Si c'est lui, que comptes-tu faire ?

MONSIEUR MORSY. — Paul n'est pas d'une plus mauvaise famille que nous...

MADAME MORSY. — Tu lui donnerais Cornélie ?

MONSIEUR MORSY. — Dame! s'il l'a prise, il faut bien la lui donner.

MADAME MORSY. — Peut-être n'y a-t-il là qu'un enfantillage.

MONSIEUR MORSY. — Je ne m'y fie pas ; Paul fait le timide ; mais je l'ai vu dans cinq ou six occasions très hardi et très entreprenant.

MADAME MORSY. — Avec des femmes ?

MONSIEUR MORSY. — Non, mais c'est égal.

MADAME MORSY. — Ce n'est pas égal du tout. Mais tu ne penses pas sérieusement à donner Cornélie à ce garçon , quand nous l'avons presque promise à Arnold, un parti si riche, un ancien ami ?

MONSIEUR MORSY. — Ce n'est pas une raison, parce que Arnold est notre ami, pour que je le trompe indignement.

MADAME MORSY. — Mais...

A ce moment un domestique entra et apporta une lettre.

— Monsieur, on attend la réponse.

MONSIEUR MORSY. — Dites que je vais y aller ; que le messager aille m'annoncer. — Voici bien une autre affaire !

MADAME MORSY. — Quoi encore ?

MONSIEUR MORSY. — C'est une lettre de lui.

MADAME MORSY. — Que dit-elle ?

MONSIEUR MORSY. — Ecoute :

« Mon respectable ami,

» J'ai le plus grand besoin de vous. Hier, j'ai dîné avec d'anciens amis ; ils ont trouvé joli et spirituel de griser un pauvre buveur d'eau que je suis, comme vous le savez ; puis, ils m'ont laissé aller. De ce moment, je ne sais plus ce que j'ai fait. Je ne me rappelle rien depuis les haricots verts. Toujours est-il que je me réveille en prison, et qu'on me remet un procès-verbal qui constate que, vers deux heures du matin, je me livrais à de singulières extravagances.

» On m'annonce que je resterai en prison jusqu'à ce qu'une personne connue consente à me réclamer. J'ai cru devoir m'adresser à vous, qui êtes le plus spirituel et conséquemment le plus indulgent de mes amis.

» PAUL SEEBURG. »

Post-scriptum. — Voici le procès-verbal : . « Le samedi 22 juin... »

MADAME MORSY. — C'était hier !

MONSIEUR MORSY *lisant*. — « ...ont comparu devant nous, commissaire de police du quartier de... le sieur Raymond, agent de la force publique, et le sieur Wolgan, qui nous ont attesté que le sieur Paul Seeburg avait, vers deux heures et demie du matin, brisé avec des pierres deux carreaux de vitre de la chambre occupée par ledit sieur Wolgan. Le susnommé Seeburg, dûment appréhendé au corps par ledit sieur Raymond, lui aurait donné un coup de poing. Nonobstant quoi, amené devant nous, il n'a nié aucun des faits de la plainte. En foi de quoi... » etc., etc.

MADAME MORSY. — Deux heures et demie! A quelle heure Jean a-t-il vu son homme?

MONSIEUR MORSY. — Je vais l'appeler. (*Il sonne.* — *Un domestique entre*.) Appelez Jean.

MADAME MORSY. — Ce n'était pas lui.

MONSIEUR MORSY. — Il est impossible que ce soit lui.

MADAME MORSY. — Cela m'ôte un terrible poids de dessus le cœur.

JEAN. — Monsieur me fait demander ?

MONSIEUR MORSY. — Oui... A quelle heure as-tu fait ta rencontre cette nuit?

JEAN. — Je croyais que monsieur ne voulait pas en parler à madame.

MONSIEUR MORSY. — J'ai changé d'avis.

JEAN. — Il pouvait être de deux à trois heures, comme je l'ai dit à monsieur.

MONSIEUR MORSY. — Es-tu sûr?

JEAN. — Oui... Je ne dormais pas bien, et je venais d'entendre sonner deux heures, quand je me suis levé, croyant entendre parler au jardin.

MONSIEUR MORSY. — Et tu as cru reconnaître monsieur Seeburg ?

JEAN. — J'ai bien cru reconnaître monsieur Paul, c'est vrai.

MONSIEUR MORSY. — Eh bien ! Jean, tu t'es trompé. Ce pauvre Paul, entraîné et trompé par des amis, précisément à deux heures et demie, cette nuit, s'est laissé enivrer et a commis une folie qui l'a fait arrêter. Voici le procès-verbal du commissaire de police, et je vais aller le réclamer. Tu conçois qu'il ne pouvait à la même heure de deux heures et demie donner en même temps un coup de poing à toi ici et un autre coup de poing à un agent de police à une lieue et demie d'ici. Fais mettre un cheval au cabriolet, tu viendras avec moi.

Comme ils étaient en route, ils passèrent sur la lisière du pré, où ils virent couché par terre et dans l'herbe le cheval dont Paul s'était servi.

— Voilà un cheval qui ne *fait pas bien,* dit Jean ; voilà quinze jours qu'il est au vert sans travailler, et il est là couché comme un cheval éreinté.

vient près de toi. Il est toujours sûr de te retrouver, quelque sérieux que soient les griefs qui t'aient fâché contre lui lors de votre dernière rupture ; il n'en est pas moins le bienvenu.

» Il est triste et blessant pour tes autres amis qui sont dignes de ce titre, de voir sans cesse un pareil homme l'emporter sur eux dans ton affection.

» Il n'y a rien de nouveau ici. Les devoirs de ma place ne me permettront pas de m'éloigner de tout l'été. Toi qui es libre, tu sais avec quel plaisir tu seras accueilli, si un bon vent te pousse par ici.

» A toi,   » FRÉDÉRIC. »

XV.

Le lendemain, Paul, délivré, glissa à Cornélie une lettre écrite dans la prison, dans laquelle lettre il lui racontait ce qu'il avait fait pour la sauver. Je ne sais si dans l'esprit de Cornélie il ne se mêla pas un peu de dépit à l'admiration que lui causa la conduite de Paul Seeburg.

Toujours est-il que l'âme de feu Bressier se trouva complétement découragée, qu'elle vit que cet amoureux n'était pas assez pressé pour elle, et qu'elle quitta Cornélie et Paul Seeburg pour chercher définitivement fortune ailleurs.

Peut-être la reverrons-nous.

XVI.

FRÉDÉRIC MORNAUD A LOUIS DE WIERSTEIN.

« Comment, Louis, n'as-tu pas plus de constance dans tes résolutions? J'apprends par hasard que ton mauvais génie est encore avec toi. Ne le connais-tu donc pas, ou as-tu découvert en lui quelque précieuse qualité qui nous ait échappé à tous jusqu'à présent? Quel charme peut donc avoir pour toi la société d'un garçon qui n'a ni cœur ni esprit, si ce n'est quand il répète tes mots; qui ne peut t'amuser, qui ne mérite pas ton intérêt, et qui ne t'aime pas? Dix fois déjà tu l'as secoué comme un cheval secoue un taon qui le gêne. Pendant tout le temps qu'il ne vit pas à tes dépens, il va vivre avec d'autres et se plaint de toi, parle de ton peu de reconnaissance pour les services qu'il t'a rendus, met en circulation sur toi et sur tes bizarreries mille contes saugrenus. C'est sa manière de payer son écot à la table des gens qui ne t'aiment pas. Si par hasard il se trouve avec d'autres auprès desquels il a lieu de croire que ton amitié est une recommandation, alors seulement il parle de toi avec éloges, mais c'est pour dire *nous* au lieu de *il,* en racontant ce que l'on sait de toi de bon et d'honorable. Avec ceux-là, il n'est pas ton ami , il est ton frère ; tout est commun entre vous. *L'un* n'a rien qui n'appartienne à *l'autre.* Il n'explique pas que tu es toujours *l'un.*

» Puis, quand il a épuisé les complaisances des autres, quand il voit qu'il ne peut plus vivre à leurs dépens, il re-

XVII.

LOUIS DE WIERSTEIN A FRÉDÉRIC MORNAUD.

« Hélas, oui, mon cher Frédéric, notre homme est avec moi. Il est venu déjeuner avec moi un matin, et voilà deux mois que dure ce déjeuner.

» Ne crois rien m'apprendre sur son caractère ; je connais Louis Dubois depuis longtemps. Je ne l'aime pas. Au bout de quelques jours passés avec moi, il me devient insupportable. Ses mauvais procédés me donnent facilement un prétexte pour me brouiller avec lui. Le jour de son départ, je suis le plus heureux des hommes. Eh bien! lorsque, six ou huit mois après, je le vois arriver un matin, j'en suis enchanté, je romps tout projet d'affaires ou de plaisirs pour passer la journée avec lui.

» J'ai cherché souvent le secret de cette influence qu'il exerce sur moi, et qui est plus inexplicable mille fois que l'amour du chevalier des *Grieux* pour Manon Lescaut. Voici tout ce que j'ai trouvé : le hasard a fait que tous mes amis d'enfance sont plus âgés que moi. Vous m'avez tous abandonné en me précédant dans la vie. Toi, tu t'es marié et tu es devenu procureur du roi ; d'autres, avec des places ou des mariages, se sont trouvés éloignés de moi, ou par la distance des lieux, ou par la différence des intérêts et des occupations.

» Je n'ai pas fait d'autres amis dans le cours de mon existence. Les amitiés sont comme les religions, comme les royautés : il n'y a de vraie royauté , de vraie religion, de véritables, amitiés que celles dont l'origine est oubliée. L'amitié doit avoir été tissue avec la vie, comme le fil d'une étoffe de deux couleurs.

» Plus tard, on rencontre des connaissances , des sympathies, des entraînemens ; mais deux fleuves qui ne se réunissent qu'après un long cours séparé ont mêlé à leurs eaux chacun des limons différens, et ne se confondent pas bien ensemble.

» Dubois seul, quoique un peu plus âgé que moi comme vous autres, n'a pris dans la vie aucune position, ne s'est pas classé ; je le retrouve toujours le même. Son aspect me rappelle toute ma vie passée.

» Tiens, j'ai fait l'autre jour, sans y songer, une comparaison qui te fera mieux comprendre ma pensée. J'ai passé par hasard devant la pension où nous avons été ensemble ; je n'ai pu me défendre d'y entrer. Je ne sais si tu te rappelles un escalier de pierre de deux ou trois marches, qui était si mal placé dans la cour, et qui causait de si fréquens accidens, sur lequel je me suis si bien fendu la tête un certain jeudi ; eh bien! on l'a ôté. Certes, la cour est bien mieux ainsi, n'est-ce pas? Pourtant l'absence de l'escalier de pierre m'a ôté tout le plaisir que j'attendais de cette visite.

» Pour bien comprendre tout le prix que j'attache aux souvenirs, il faut se rappeler que j'ai laissé en arrière tous les intérêts de ma vie; il faut savoir, comme vous le savez, vous autres, ce qu'un premier amour trompé a mis pour moi d'amertume dans le présent et de défiance dans l'avenir; comment une horrible déception, comme un vent brûlant, a desséché avec les premières fleurs de ma vie, avec les nobles et belles illusions de la jeunesse, les fruits qui devaient succéder aux fleurs.

» Mais où vais-je me laisser emporter, et de quoi vais-je me plaindre? J'ai regardé la vie, et je vois que je n'ai rien perdu : on ne m'a volé qu'un trésor imaginaire. Ce que je voulais n'existe pas.

» Voilà ce que je retrouve quand je cherche pourquoi je revois Dubois avec plaisir.

» Du reste en ce moment il m'est utile : j'ai besoin de lui pour mettre à fin une entreprise qui m'intéresse plus que rien ne m'a intéressé depuis longtemps. Je te raconterai cela une autre fois.

» LOUIS. »

XVIII.

MÉLANIE A CAROLINE.

« Continue à m'envoyer des descriptions, ma chère Caroline. Si tes lettres d'hiver étaient remplies de récits intéressans, de bals et de soirées, d'où le deuil me proscrivait, tu peux aujourd'hui me parler des belles fêtes de la nature et des plaisirs de l'été. Ici, à la ville, nous n'avons que quelques arbres qui vont perdre leurs panaches déjà flétris, et nous ne sommes qu'au mois de juillet : les marronniers ont leurs feuilles entourées d'un cercle jaune : on dirait de grandes émeraudes enchâssées dans l'or.

» On a souvent bien médit des vieilles tantes, on a plaint les jeunes filles obligées de vivre avec des personnes âgées qui n'ont plus leurs goûts, et qui ne se les rappellent que pour les blâmer et les poursuivre d'une haine, la plus implacable des haines, celle qu'on éprouve pour ce qu'on a aimé.

» Eh bien! j'aimerais mieux avoir deux vieilles tantes qu'une seule jeune comme la mienne.

» Tu connais ma tante : elle a dix ans de plus que moi, mais je n'en ai que dix-huit, c'est une des plus jeunes comme une des plus jolies veuves qu'on puisse voir. Mariée une première fois par ses parens, elle veut cette fois, dit-elle, se marier elle-même; mais le mari qu'elle veut trouver est quelque chose de plus difficile à rencontrer que les *merles blancs* et les *cygnes noirs*, deux oiseaux que la patience des naturalistes a joué à la sagesse du peuple le mauvais tour de découvrir. On dit qu'un peintre ou un c ulpteur ancien fit une Vénus composée des perfections d'une trentaine de femmes choisies entre les plus belles. Ma tante Arolise a fait mieux : elle a fait une liste de tous les défauts qu'elle a pu trouver dans les hommes qu'elle a connus, et elle a formé une seconde liste des qualités opposées à ces défauts; c'est de ces qualités que doit être muni son second mari. Ce second mari, à te dire vrai, me semble une invention dans le genre des tapisseries de Pénélope. Ma tante est coquette, elle aime sa position; dire qu'on veut se remarier, c'est couvrir d'un vernis d'honnêteté la manière dont la coquetterie tend ses gluaux dans le monde. Elle ne veut pas trouver de mari, mais elle veut autoriser la mansuétude avec laquelle elle se fait faire la cour.

» Elle me disait dernièrement : Une femme qui avoue qu'elle aime, c'est un roi qui abdique. Je ne sais pas si ce regret est bien féminin, du moins je ne le trouverais pas dans mon cœur.

» A toi seule, ma bonne Caroline, je puis dire tout ce que je souffre auprès de cette femme, qui n'est pas méchante, mais qui est d'une coquetterie féroce; elle n'aime personne et ne veut pas lui arracher les yeux, si cela était la mode d'en porter en bracelet. Elle se croit le but et l'objet unique de la création; tout ce qui existe n'a dans ses idées d'autre rôle à jouer que de lui *bien aller*, de contribuer à faire valoir ses *attraits* ou par l'harmonie ou par le contraste.

» J'ai accepté cette position, parce que c'était le seul moyen d'assurer l'existence de ma pauvre mère, — veuve d'un autre genre, qui a toujours porté son crêpe dans le cœur, — en lui laissant ma petite part de notre petite fortune. Madame de Liriau m'a prise auprès d'elle parce que c'est plus convenable et plus décent que d'aller seule dans le monde; parce que, pour abréger un peu les ennuis de convenance du deuil, elle se permet quelques infractions à la rigueur de la règle en disant : Il faut bien que je distraie un peu cette pauvre petite; je ne puis l'ensevelir dans mon deuil. Et tout le monde l'approuve et la loue de sa bonté; personne n'ignore du reste que je suis une parente pauvre dont elle prend soin, qu'elle veut marier (autre prétexte pour voir le monde); je lui sieds bien.

» Ma position dans le monde qu'elle voit est on ne saurait plus triste. Quoique parente, je joue un peu le rôle de suivante de comédie; je me couche et je me lève à ses heures, je vais où elle s'amuse, je vois les gens qui lui plaisent et auxquels je ne plais pas trop. Outre que ma tante est plus jolie que moi, elle est riche; les gens qui l'entourent ne sont pas de ceux qui peuvent penser *sérieusement* à moi. Beaucoup s'occupent de moi, mais je sais qu'ils ne m'épouseraient pas : leurs galanteries sont offensantes, et je ne puis m'en offenser.

» D'ailleurs, je vis au milieu d'un luxe que je ne pourrai garder quand je serai mariée, si je me marie jamais; ma tante m'oblige à une toilette telle que, du jour où j'aurai fait le mariage auquel je puis raisonnablement prétendre, il n'y a pas une de mes paires de bas qui ne soit ridicule, à moins de quelque hasard extraordinaire, comme il en arrive au théâtre plus que dans la vie.

» Il y a une chose remarquable cependant dans la vie des femmes. Un homme ne s'écarte guère, sauf quelques rares exceptions, de la place où le hasard l'a fait naître; on peut compter d'avance les échelons qu'il pourra monter ou descendre. Mais une femme qui a perdu la partie au jeu de hasard de la naissance a encore un grand coup à jouer : c'est celui du mariage. Il n'y a pas de ravaudeuse qui ne puisse demain se réveiller duchesse. Il suffit de passer un jour dans telle rue, d'être rencontrée par tel homme; on peut du dernier échelon se trouver sur le premier, sans passer, comme les hommes, par les échelons intermédiaires.

» Du reste je ne compte guère sur un pareil moment, et je te dirai même que ce n'est pas un bonheur qui m'éblouirait. Je n'épouserai jamais un homme que j'aimerai. Cela diminue beaucoup pour moi le nombre des chances dont je te parlais tout à l'heure.

» Pour en revenir à ma tante, sa coquetterie m'inflige une foule de petits supplices ingénieux dont je ne puis lui savoir bien mauvais gré, tant son égoïsme la préserve de toute méchanceté. Elle ne croit pas qu'il y ait d'autres gens qu'elle, conséquemment elle n'a jamais l'idée de faire du mal à qui que ce soit. Aussi n'en tirerai-je de ma vie d'autre vengeance que celle de te les raconter, en te priant de n'en jamais dire un mot à personne.

» Voilà six mois passés que son mari est mort. Le deuil des veuves est fort rigoureux; celui d'un oncle l'est au contraire fort peu. Au bout de quelques jours j'aurais pu mettre du blanc et des bijoux. Or, ma tante est plus lasse du noir, qui du reste ne lui sied guère, ni à moi non plus. Tu ne pourrais te figurer ce que les couleurs prennent de charmes aux yeux d'une femme condamnée à n'en pas porter. Elle s'affublerait avec empressement des couleurs les plus dures, les plus féroces, les plus discordantes. J'ai vu ma tante jeter un regard d'envie sur un bonnet à rubans *capucine et rose.*

» Le noir, d'ailleurs, excepté à quelques blondes privilégiées, ne sied un peu qu'autant qu'on met du blanc autour du visage. Ma tante n'en est pas encore là, et cela la désespère. Quelquefois, à la voir profondément triste, on pourrait croire qu'elle adorait son mari, tandis que son chagrin ne vient que de la nécessité de porter du noir.

» Jamais un romancier n'imaginerait toutes les ruses qu'elle a trouvées pour m'obliger à ne pas profiter de la lointaine parenté qui m'unissait au défunt et qui rendait mon deuil si court. D'abord des flatteries : *le deuil m'allait à ravir ;* puis de la sensibilité : *elle ne pouvait plus voir que du noir ;* puis de l'économie : *puisque les robes sont faites il faut les user ;* puis des finesses de tout genre, des modes nouvelles qui exigent que je fasse défaire et refaire tout ce que j'ai, etc. Enfin, comme on commençait à plaisanter sur l'opiniâtreté de mon deuil, il a semblé arriver un incident opportun. Ma tante m'a annoncé ce matin qu'une lettre arrivée le matin lui apportait une fâcheuse nouvelle : un frère d'elle et de ma mère venait de mourir. C'était un nouveau deuil nécessaire. Je m'étonnai un peu de cette épidémie qui tombait si à propos sur les oncles, puis je me résignai. Mais un hasard m'a appris que l'oncle que je pleurais officiellement, dont je portais pieusement le deuil, ce frère de ma mère et de ma tante, est mort il y a vingt-deux ans à l'âge de onze mois et demi. Je n'ai pas parlé à ma tante de cette découverte, et je suis en deuil plus que jamais. Ma tante cependant commence à porter quelques bijoux.

» Comme ce qui se trouve encore de plaisirs à la ville continue à nous être défendu, comme nous ne pouvons aller ni au théâtre ni aux concerts, ma tante m'a annoncé ce matin qu'elle allait peut-être louer une maison de campagne pour la fin de la saison. Le deuil y sera moins officiel ; on n'y recevra que quelques amis.

» Pardon de ma trop longue lettre, chère Caroline ; mais je t'écris un peu comme le barbier du roi Midas parlait dans le trou qu'il avait creusé. Mes ennuis sont de telle nature que je n'en puis parler à personne qu'à toi, et de temps en temps je sens mon cœur si plein qu'il déborderait si je ne l'épanchais dans le tien. D'ailleurs, pour te raconter mes petits chagrins, je les habille, mais je les faire exprès, de costumes comiques, et moi-même j'en ris un peu. Cela diminue leur importance quand je me retrouve seule avec eux.

» MÉLANIE. »

XIX.

MÉLANIE A CAROLINE.

« Depuis ma dernière lettre, ma tante et moi nous sommes devenues extrêmement pastorales. Je vais te dire comment cela est arrivé.

» Un de ces jours derniers, comme nous allions voir, je crois, la vingtième des maisons de campagne qu'on nous avait indiquées, nous ne trouvâmes pas une vieille femme qui est chargée de la faire voir. L'extérieur de cette maison plaisait assez à ma tante ; mais il eût été bien ennuyeux de revenir un autre jour. On résolut d'attendre le retour de la vieille femme, et on demanda s'il n'y avait rien de curieux à voir dans le pays.

» — Il y a l'île à Richard, nous dit un paysan.

» L'île à Richard est un cabaret au milieu d'une rivière : ce cabaret est quelquefois fréquenté par une société passable, à cause de sa situation. C'est un bois de saules, de peupliers, entouré d'une eau admirable. On y arrive en bateau ; on s'y promène, on y pêche, on y dîne assez bien, à ce que disent les connaisseurs. C'est une fraîcheur, une verdure, des parfums, des murmures qui ravissent l'esprit.

» Nous n'étions pas seules ce jour-là. Nous, nous ne le sommes presque jamais. Notre écuyer était un monsieur de Lieben, dont il faut que je te parle un peu.

» Un des adorateurs de ma tante a présenté à la maison ce monsieur de Lieben comme prétendant à ma main, comme on dit. Ma tante a été d'abord, je dois lui rendre justice, enchantée de cette perspective d'un mariage avantageux pour moi. Monsieur de Lieben a fait la demande ; il a été agréé par ma tante et ajourné par moi. Monsieur de Lieben est un homme comme tout le monde ; il ne m'a séduite ni par sa figure, qui est passable, ni par ses manières, qui sont celles d'un homme bien élevé sans être celles d'un homme distingué. J'ai pensé que des qualités de cœur que je découvrirais sans doute plus tard m'inspireraient peut-être pour lui un sentiment de préférence, sans lequel je ne me marierai jamais.

» Monsieur de Lieben est donc devenu un des habitués de la maison ; mais voici ce qui est arrivé.

» Ma tante ne se soucie en aucune façon de monsieur de Lieben, et, je suis persuadée, n'en voudrait à aucun prix ; mais elle est comme tous les collectionneurs : l'insecte le plus laid, la fleur la plus insignifiante, rendent plein de désir et d'envie l'entomologiste ou l'horticulteur auquel manquent précisément cette fleur ou cet insecte.

» Ma tante Arolise m'abandonne certes de bonne grâce le cœur de monsieur de Lieben, mais sa vanité et sa coquetterie n'admettent pas que monsieur de Lieben paraisse être venu à la maison pour me choisir ; il est donc nécessaire que l'attitude de mon *attentif* exprime bien ceci : qu'il m'a demandée et m'épouse parce qu'il n'aurait osé aspirer à ma tante. Or, quelques coquetteries risquées pour arriver à ce but ont tourné la tête du pauvre homme, il est devenu sérieusement amoureux de ma tante ; il continue à venir *pour moi*, il m'épousera même si je le veux ; mais, s'il *m'aime* comme on aime une femme, il *adore* ma tante comme on adore une divinité. Mon humilité ne va pas jusqu'à accepter un cœur ainsi préoccupé, et j'aurais déjà notifié mon refus si ma tante, qui n'aime nullement la personne de monsieur de Lieben, n'était arrivée à aimer un peu son amour, son adoration et sa servilité.

» Donc, accompagnées de monsieur de Lieben, nous nous sommes fait descendre sur le bord de la rivière ; là, monsieur de Lieben a commencé à me déplaire singulièrement ; il a appelé le batelier qui devait nous conduire dans l'île ; cet homme n'a pas entendu probablement et n'est venu qu'à un second appel. Monsieur de Lieben lui a reproché son retard avec une hauteur ridicule. Ce pauvre garçon, qui est un jeune homme grand et d'une belle figure, est devenu rouge et a lancé à monsieur de Lieben un regard plein de fierté qu'il a baissé aussitôt, se rappelant sans doute l'humilité de sa situation.

» J'en ai été le reste de la journée fort malveillante pour monsieur de Lieben. Rien ne me choque autant de la part des gens du monde que leur arrogance à l'égard des gens du peuple. C'est d'ailleurs une chose terrible que voir un homme humilié. Cela m'aurait paru sans doute moins odieux et moins ridicule à la ville, où l'homme du monde est dans sa puissance, où il est entouré de tout ce qu'il a édifié pour faire respecter cette singulière démarcation entre lui et le peuple.

» Mais nous étions à la campagne, il nous fallait traverser une rivière rapide ; les avantages que peut avoir l'homme de salon n'étaient plus rien ; c'était de force et d'adresse qu'il était question. Le batelier était alors au-dessus du citadin, tout y contribuait ; son costume commode, qui laissait voir les muscles de ses bras, contrastait avec le costume étriqué et gênant de monsieur de Lieben. Son visage basané était en harmonie avec cette nature riche et un peu âpre, bien plus que les mains et le visage pâle qui, dans un salon, donnent quelque distinction, et aux champs ont l'air d'une maladie. Moi qui ne suis guère populaire d'habitude, je l'étais devenue ce jour-là, tant l'arrogance de monsieur de Lieben m'avait été désagréable. Ma tante, du reste, quand nous causâmes le soir de cet incident, fut entièrement de mon avis ; mais elle fut bientôt en proie à une inquiétude qui chassa de son esprit toute autre préoccupation ; elle avait perdu dans notre promenade un bracelet d'un grand prix.—Pourvu, dis-je, que vous l'ayez perdu dans le bateau.

» — Plutôt que dans la rivière, sans doute ; je suis de ton avis, me dit-elle.

» — Non, repris-je, plutôt que partout ailleurs.

» — Pourquoi cela ? me demanda-t-elle.

» — Parce que, dis-je, je suis sûre que le batelier est un honnête homme.

» — Je le crois comme toi, me dit-elle, je n'ai jamais vu plus de fierté que dans le regard qu'il a levé un moment sur monsieur de Lieben ; mais chaque vertu a ses bornes, et mon bracelet vaut cent louis, et il n'a peut-être de probité que jusqu'à concurrence de cinq cents francs. Nous retournerons demain.

» Demain est aujourd'hui, et nous partons dans une heure.

» MÉLANIE. »

XX.

MÉLANIE A CAROLINE.

» Tu me demandes des nouvelles du bracelet de ma tante d'un petit air tout à fait ironique, ma chère ; je suis réellement fâchée de t'avoir laissée onze grands jours dans cette touchante inquiétude.

» Il faut que je t'explique d'abord le timbre que portera ma lettre : nous sommes installées à la campagne, dans cette maison que nous allions voir le jour que le bracelet a été perdu ; contrairement à ce que je pensais, nous recevons peu de visites ; monsieur de Lieben nous *entoure* seul, plus que jamais mon *prétendu*, et plus que jamais amoureux de ma tante.

» Revenons à l'histoire du bracelet.

» Ainsi que ma tante l'avait annoncé, nous partîmes le matin à la recherche du bijou, et en même temps pour voir la maison, car la vieille n'était pas revenue l'autre jour quand nous étions parties ; cette fois, nous étions seules avec un domestique.

» Arrivées au bord de la rivière, ma tante était extrêmement agitée de l'espoir de retrouver son bracelet, et de la crainte de le point retrouver. Pour moi, je ressentis à ce moment un cruel embarras ; il fallait appeler le batelier ; je me souvenais bien de son nom qu'il nous avait dit, mais l'air de ce garçon, que je me rappelais au moins autant que son nom, faisait que je n'osais pas le nommer *Louis*. Avec un autre, cette espèce de tutoiement de la part d'une femme n'a pas d'inconvénient, mais avec lui, cela me semblait embarrassant.

» On a dit que pour une femme distinguée, un jardinier et un domestique ne sont pas des hommes, mais simplement un jardinier et un domestique, comme d'autres cho-

ses sont un arbre et un fauteuil. Il faut croire que cela ne s'applique pas aux bateliers. Le domestique de ma tante s'appelle *Jean*. En l'appelant *Jean*, je marque la distance qui le sépare de moi, appeler ce batelier *Louis* me semblait produire un effet contraire. En un mot, comment te dire cela ? mais il me semble que pour tutoyer cet homme, il faut être son ami, ou sa femme, ou sa maîtresse.

» Or, comme, d'autre part, ma tante aurait ri aux larmes si je l'avais appelé *monsieur Louis*, je rappelai le domestique qui se tenait derrière nous à la distance convenable, et je lui ordonnai d'appeler le batelier.

» Jean se servit du cri ordinaire :

» — Ohé ! la nacelle !

» Le bateau, que je reconnus, se détacha du bord ; mais, à mesure qu'il s'approchait de nous, un vif étonnement s'emparait de ma tante et de moi ; ce n'était pas Louis qui le montait : le batelier était un homme vieux et un peu cassé, qui mit à traverser la rivière deux fois plus de temps que n'en avait mis l'autre ; cela parut fort long, surtout à ma tante, qui s'inquiétait du sort de son bracelet.

» — Mon brave homme, lui dit-elle quand il fut arrivé, où est un jeune homme qui, il y a deux jours, nous a fait passer l'eau dans ce même bateau ?

» — Ah ! dit-il, vous voulez parler de *Louis* ?

» — Précisément.

» — Eh bien ! ma chère dame, pour vous dire où il est, il faudrait le savoir, et je ne le sais pas.

» — Ah ! mon Dieu ! s'écria ma tante ; mais c'est que j'ai, l'autre jour, perdu un bracelet.

» — Pour le bracelet, c'est différent ; je sais où il est.

» — Ah ! tant mieux ; et où est-il ?

» — Il est dans les mains de Louis.

» — Mais puisque vous ne savez pas où est Louis.

» — C'est égal, ils ne sont perdus ni l'un ni l'autre.

» — Qui vous fait croire cela ?

» — Parce que Louis est un honnête homme, et qu'il vous rapportera votre brimborion.

» — Un brimborion ! Mais mon bracelet m'a coûté deux mille francs.

» — Il m'a dit, en effet, que ça pouvait valoir ça.

» — Ah ! ma dit ma tante à l'oreille, il est perdu ; je n'espérais qu'en leur ignorance de la valeur du bijou.

» — C'est pour cela qu'il n'a pas voulu me le laisser, et qu'il l'a emporté avec lui. Il a dit qu'on pourrait me le voler à la maison, et d'ailleurs, il dit qu'il reconnaîtra bien la personne qui l'a perdu, et qu'il veut le remettre lui-même.

» — Sans doute, il a raison, il mérite une récompense, et il l'aura.

» — Ma tante, dis-je, n'est-ce pas plutôt... j'allais dire : pour éviter une erreur ; mais je me retins, il n'y avait aucune raison pour que ce garçon ne fût pas enchanté d'une récompense que méritaient sa probité et le service qu'il rendait à ma tante.

» — Voilà ce que Louis m'a dit, continua le bonhomme : Vous demanderez à la personne qui viendra réclamer le bracelet quel jour et à quelle heure elle veut que je le lui apporte chez vous.— Si c'est à vous qu'appartient cet affutiau, c'est à moi, c'est moi qui suis le passeur.

» — Vous le reverrez donc ?

» — Oh ! il passe par ici presque tous les jours pour aller relever ses nasses.

» — Qu'est-ce que c'est que des nasses ?

» — Des paniers pour prendre des anguilles.

» — Il est donc pêcheur ?

» — Oui, et un fin pêcheur ?

» — Ce n'est pas à lui ce bateau où vous êtes ?

» — Non, c'est à moi, c'est moi qui suis le passeur. L'autre jour j'avais affaire à la ville, à cause d'un gredin de fils que j'ai, et Louis a eu l'obligeance de me remplacer pendant la journée.

» — Où demeure-t-il ?

» — Je n'en sais rien ; je sais seulement qu'il vient toujours par l'aval de la rivière ; je le connais parce qu'il est assez *causant*, et puis il me donne quelquefois du tabac. Ces dames veulent-elles passer dans l'île ?

» — Non. Voici pour votre peine, nous reviendrons demain à sept heures du soir.

» — C'est bien, madame, je le lui dirai.

» Nous retournâmes à la ville, et je songeai quelle différence il y avait entre le pêcheur de l'autre jour et le batelier d'aujourd'hui, à la manière dont tous deux avaient reçu l'argent du passage : le vieux avait allongé la main avec avidité, on aurait dit qu'il aurait voulu le saisir avec les yeux ; l'autre, au contraire, avait tendu la main dédaigneusement, sans regarder ce qu'on lui donnait.

» Il était de bonne heure, nous allâmes voir la maison. Elle convint à ma tante, qui la loua en annonçant qu'elle se proposait de s'y installer peu de jours après. Le jardin est petit et assez laid, mais on est si près de la rivière et de la riche végétation qui couvre ses bords !

» Ma tante, à vrai dire, n'était pas tout à fait tranquille sur son bracelet ; moi-même, par momens, j'aurais mieux aimé qu'il n'eût pas aussi bien connu la valeur réelle de ce bijou. Enfin, le lendemain, nous étions avant l'heure chez le vieux batelier ; Louis n'était pas arrivé ; ma tante regardait souvent à sa montre. Le père Leleu commençait à paraître embarrassé, il sortait de temps en temps de ce qu'il appelle *sa maison* pour regarder sur la rivière, et aussi pour ne pas être avec nous, à qui il ne savait que dire. Tout à coup, il rentra en nous disant : — Le voilà ! Nous sortîmes de la cabane. Mais ce qui pour les yeux exercés du père Leleu était Louis, n'était pour nous qu'une sorte de tache noire, encore assez loin, qui remontait le courant de la rivière.

» — Êtes-vous sûr que ce soit lui ? demanda ma tante.

» — Un enfant le reconnaîtrait, répondit le père Leleu. Tous nos bateaux sont verts, et le sien est noir ; d'ailleurs, il n'y a ici que lui qui marche à la voile.

» En effet, nous commencions à distinguer que le bateau portait une sorte de voile brune triangulaire, qui de loin le faisait ressembler à un grand cygne noir.

» Quelques instans après, nous reconnûmes Louis qui fumait insoucieusement, assis ou plutôt couché à l'arrière de son bateau ; mais, quand le bateau arriva à toucher le bord, je fus frappée de son extrême pâleur.

» — Qu'avez-vous, Louis ? demanda le père Leleu ; comme vous êtes pâle, et comme vos vêtemens sont mouillés !

» — Ce n'est rien, répondit le pêcheur, c'est que je suis tombé dans l'eau.

» — Vous aurez sans doute eu peur ! lui dit ma tante.

» Je ne lui aurais pas dit cela, ma bonne Caroline.

» Il ne répondit que par un sourire.

» — Lui ! s'écria le père Leleu, il nage comme un requin, et ça lui est parfaitement égal d'être sous l'eau ou sur la terre ; il y a même un vieux pêcheur qui m'a dit qu'il vivait mieux sous l'eau, mais je n'en crois rien.

» — Et vous avez bien raison, père Leleu, répondit Louis. Il descendit à terre. Après avoir éteint sa pipe et l'a voir laissée sur le bateau, il s'approcha de nous ; il nous salua avec une grâce naturelle que les gens du monde acquièrent bien rarement, puis il dit à ma tante : — Madame, vous avez laissé tomber l'autre jour un bracelet dans mon bateau ; le voici.

» Ma tante prit son bijou si regretté, le retourna, l'examina, et tira de sa bourse un napoléon.

» Je regardais le pêcheur ; il y eut sur son visage un imperceptible froncement de sourcil, puis il appela le père Leleu, qui s'était éloigné.

» — Pourquoi appelez-vous le batelier ? demanda ma tante.

» — Parce que, répondit-il, c'est à lui que cette récompense appartient ; c'est dans son bateau que le bracelet a été perdu et trouvé, et je travaillais pour son compte, le jour que je vous ai menées dans l'île de Richard.

» Le père Leleu arriva, prit la pièce d'or, remercia humblement. Ma tante me dit en me parlant de Louis :

» — Il faut pourtant que je lui donne quelque chose.

» — Louis, dit-elle, votre bateau avec sa voile est-il aussi sûr qu'un autre ?

» — Oui, dit le père Leleu, quand c'est lui qui le mène.

» — Eh bien, dit ma tante, est-ce que vous ne pourriez pas nous faire faire une petite promenade sur la rivière ?

» — Si vous le voulez, madame.

» Il alla cueillir dans l'île une brassée de luzerne en fleurs qu'il mit au fond du bateau, puis il nous aida à monter dedans.

» Ma tante et moi nous le regardions avec étonnement ; il y avait dans toutes ses manières quelque chose de particulièrement distingué qui nous frappait également. Cependant ses vêtemens, exactement semblables à ceux du père Leleu, consistaient en une sorte de blouse de laine bleue descendant jusqu'aux hanches ; il avait une cravate de soie jaune comme en avait une le vieux batelier.

» — Père Leleu, dit-il, vous devriez bien me donner un petit verre de schnik.

» — Qu'est-ce que du schnik ? demanda ma tante.

» — Madame, dit le pêcheur, c'est un nom que nous donnons à l'eau-de-vie.

» Ma tante fit une toute petite grimace ; puis, comme cela lui rappelait les habitudes des gens de rivière, elle dit :

» — Louis, si vous voulez fumer, cela ne nous gêne pas.

» — En êtes-vous sûre, madame ?

» — Oui, surtout sur la rivière.

» Il nous fit un imperceptible salut et alluma sa pipe. Il nous invita à nous asseoir au milieu du bateau, le poussa à l'eau, et sauta légèrement dedans.

» — Vous ne mettez pas la voile ? dit ma tante.

» — Nous n'en avons pas besoin pour descendre le courant, l'eau nous portera toute seule. La voile nous servira pour revenir.

» Alors nous commençâmes à voguer entre des rives délicieuses. Des deux côtés de la rivière s'élevaient des saules dont le feuillage étroit et bleuâtre se mêlait aux cimes vertes des peupliers. Des nénuphars étalaient sur l'eau près de la terre larges feuilles rondes et luisantes, et leurs fleurs jaunes. Des *libellules*, des *demoiselles*, les unes vertes comme des émeraudes, d'autres bleues ou grises, voltigeaient et poursuivaient sur l'eau. Le soleil se couchait, et ses rayons rouges venaient obliquement à nous à travers les saules du rivage. C'était un calme et un silence ravissant ; l'âme était plongée dans une ineffable extase.

» Je regardai ma tante ; son joli visage se trouvait par hasard dans un de ces chauds rayons que le soleil nous jetait à travers les feuilles des arbres ; on eût dit qu'elle était illuminée par une céleste auréole ; elle était charmante.

» Je regardai Louis. Il tenait les avirons et était assis en face de nous. Ses regards étaient fixés sur ma tante avec une profonde admiration.

» Ma tante s'en aperçut et s'en embarrassa. Nous passions à cet instant devant une petite maison couverte de chaume, dont une vigne tapissait toute la façade.

» — Quelle charmante maison ! dit ma tante. Arrêtons-nous là un moment.

» — Madame, répondit Louis, vous en verrez dix semblables sur le bord de l'eau.

» — N'importe, je veux voir celle-là de près.

» — Elle y perdra, bien sûr. D'ici vous ne voyez ni le tas de fumier qui doit être devant la porte, ni des enfans sales et déguenillés : de près, tout cela vous gâtera l'aspect de la maison.

» — Il commence à être tard, dit ma tante, nous n'irons pas plus loin aujourd'hui. J'ai l'estomac fatigué, je trouverai sans doute un peu de lait dans cette maison ?

» Louis ne répondit pas, et dirigea son bateau vers le point indiqué avec un air de contrariété marquée. Il nous aida à descendre, puis se coucha dans le bateau pour nous attendre, et se mit à battre le briquet pour rallumer sa pipe.

» Nous entrâmes dans la chaumière, mais tout y était fort sens dessus dessous. Un enfant d'une dizaine d'années était couché sur un lit ; une jeune femme, penchée sur lui, semblait surveiller sa respiration ; deux autres enfans tout petits se haussaient sur la pointe des pieds pour voir leur frère sur le lit trop élevé.

» — Pardon, ma bonne femme, dit ma tante ; je vois que vous avez un enfant malade et qu'il ne faut pas vous déranger. Je voulais vous demander un peu de lait.

» — Je vais vous en donner, madame, répondit la paysanne. Il va bien ce pauvre petit, il dort maintenant, il repose tout doucement. Je le regardais pour bien me persuader qu'il est là et qu'il est vivant.

» Elle le baisa doucement sur le front, et prit deux tasses bien blanches sur une sorte de dressoir, alla chercher du lait, et nous l'apporta.

» — Il y a une heure, dit-elle, je n'aurais pas pu vous en donner. Vous auriez vu moi et les deux petits que voilà (elle désignait les deux tout petits enfans), nous étions à pleurer et à crier au bord de l'eau. Mon mari est en voyage, et celui que voilà (elle montrait le lit) était tombé dans la rivière en pêchant à la ligne. Le pauvre cher enfant s'était débattu en criant, et j'étais arrivée pour le voir disparaître dans un trou très profond. Ah ! madame, quelle chose cruelle à voir !

» Elle s'interrompit pour aller regarder et embrasser son enfant.

» — Comme il dort bien ! dit-elle.

» — Et comment a-t-il été sauvé ? demandai-je.

» — Voilà, reprit la fermière : je criais, j'appelais ; j'allais, je crois, me jeter après lui, quand un pêcheur qui remontait l'eau poussa son bateau à la rive, me demanda où était tombé l'enfant, et se jeta à l'eau. Il plongea et fut quelques instans sans reparaître, puis je vis l'eau s'agiter, et le pêcheur revint : il ne rapportait pas l'enfant. Je tombai par terre écrasée par le chagrin, et en disant : — Il est perdu ! il est perdu ! Mais le pêcheur ne fit que reprendre un peu d'haleine, puis il disparut encore une fois sous l'eau. Cette fois, madame, il rapportait mon enfant, mais inanimé ! Oh ! mon Dieu ! il est mort ! m'écriai-je, et je le couvrais de larmes et je l'embrassais.

» — Non, me dit le pêcheur ; entrons chez vous. — Là, il me le fit déshabiller et envelopper dans de la laine. Le pauvre petit respirait encore, et ne tarda pas à sourire et à parler. — Mettez-lui encore une couverture, me dit le pêcheur. — J'allai la chercher. Quand je revins, je ne le trouvai plus, son bateau était déjà bien loin. Je n'avais pas pu le remercier, je me mis à genoux et je priai Dieu de le récompenser. Oh ! oui, Dieu le récompensera, bien sûr.

» — Il est tard, dit ma tante ; partons.

» Elle nous conduisit quelques pas hors de sa maison. Louis, en nous voyant, se hâta de disposer sa voile ; mais tout à coup la paysanne nous quitta, se précipita vers lui, le regarda, tomba à ses genoux, l'embrassa en criant : — C'est lui ! c'est lui !

» Nous nous approchâmes. Louis s'efforçait de la relever ; enfin il y réussit, lui demanda comment allait l'enfant, lui promit qu'il reviendrait la voir, et nous partîmes. Louis nous plaça dans le bateau comme nous étions en venant ; mais comme il fallait remonter le courant et diriger la voile, il se plaça à la pointe du bateau derrière nous. Ni ma tante ni moi nous ne parlions. Louis fumait.

» Cependant, comme nous étions près d'arriver, ma tante, se retournant, dit : — Louis, dans quelques jours, je demeurerai dans le village pour le reste de l'été. Nous ferons quelques promenades avec vous.

» Je m'étais retournée aussi. Louis rougit d'une manière visible.

» Nous arrivâmes. Ma tante dit : — Comme nous ferons souvent de pareilles promenades, il faut établir nos conventions. Vous devez avoir un prix, un tarif ?

» — Oui, madame, dit Louis ; c'est un franc par heure.

» Ma tante regarda sa montre, et dit : — Il y a deux heures.

» Je me hâtai de payer Louis ; j'avais peur que ma tante ne jugeât à propos de lui donner une pièce de cinq francs et de refuser la monnaie.

» Ma tante me dit quand nous fûmes en route : — Combien lui as-tu donné ?

» — Mais, dis-je, quarante sous.

» — Elle réfléchit un moment et me dit : — Tu as peut-être eu raison.

» Depuis ce temps nous sommes venues nous établir au village ; il y a de cela plusieurs jours. Mais les embarras de l'installation nous ont pris tant de temps, que nous ne sommes pas allées une fois sur le bord de l'eau.

» MÉLANIE. »

XXI.

C'est autour de ces nouveaux personnages que se mit à voltiger l'âme de feu Bressier, après qu'elle eut abandonné Cornélie et son héroïque amant. Louis et Mélanie lui convenaient pour parens. Mélanie était une grande et charmante fille, ses formes étaient riches et sveltes à la fois ; elle avait de grands yeux pleins d'une ardeur voilée, des yeux de velours noir ; ses longs cils, recourbés par le bout, emprisonnaient les plus doux regards, et parfois le ravissant sourire des gens tristes ; ses cheveux bruns, souples, fins, abondans, encadraient admirablement sa figure, elle avait l'âme douce et aimante. Depuis sa dernière lettre, elle cessa d'écrire à Caroline ; ses idées et ses sentimens étaient trop confus pour qu'elle pût les exprimer à une autre, elle qui ne les comprenait plus elle-même. Elle était un peu effrayée de ce que, par instans, elle croyait voir dans son cœur. Elle retrouvait le beau pêcheur au fond de toutes ses actions et de toutes ses pensées. Elle allait voir quelquefois le matin cette fermière dont Louis avait sauvé l'enfant, et chaque fois elle portait à cet enfant quelque petit présent. Un jour, elle se demanda à elle-même si cette affection pour cet enfant était bien de la bonté, et n'était que cela ; elle se demanda si c'était l'enfant qu'elle aimait, et elle eut peur d'elle-même. Seule, elle se répétait les quelques paroles qu'elle avait entendu prononcer à Louis. Elle allait voir le père Leleu, et lui faisait redire les renseignemens bien bornés, ou plutôt les vagues suppositions qu'il avait ou faisait sur le batelier. La vue d'un bateau glissant entre les saules l'empêchait de respirer. Plus d'une fois elle passa des heures entières à le regarder pêcher, jeter ses filets et retirer ses nasses ; puis, quand le jour tombait, elle regardait le bateau s'éloigner et s'enfoncer dans la brume empourprée qui entoure sur l'eau le soleil couchant. Quelquefois Louis chantait une chanson de matelot ; elle écoutait jusqu'à ce que la voix se perdît dans le bruissement des feuilles.

— Mon Dieu ! se dit-elle, il est beau, et j'aime un batelier !

— Et pourquoi ne l'aimerais-je pas ? se dit-elle après un moment d'accablement ; n'est-il pas beau et noble, et courageux ? Qu'a-t-il de moins que les hommes qu'une femme est fière d'aimer ? Des habits faits d'une autre façon, plus d'argent : est-ce là ce qui doit décider l'amour ? Quoi ! j'avouerais ma honte à tout le monde que j'aime un homme comme monsieur de Lieben, et je n'ose m'avouer à moi-même que j'aime cet homme auquel la nature a prodigué tous ses trésors ?

Lorsque Louis l'apercevait de loin, il la saluait, mais sans jamais aborder de son côté.

Après quelque temps, Aroline se rappela la rivière et le batelier : elle proposa une promenade sur l'eau à sa nièce.

C'étaient de ces propositions qui équivalent à un ordre, et auxquelles Mélanie ne pouvait répondre qu'en mettant un châle et un chapeau. Elles se dirigèrent vers le bord de l'eau et appelèrent le père Léleu. Louis causait avec lui sur l'autre rive. Il laissa cependant le père Leleu aller chercher les deux dames, et continua à fumer sa pipe; mais quand elles furent près de lui, il y avait sur son visage, à l'aspect d'Arolise, une joie qui n'échappa pas aux yeux de Mélanie.

Cette fois, ils dirigèrent leur promenade en remontant le courant. Arolise trouva que cette partie de la rivière n'était pas aussi jolie que celle qu'ils avaient visitée à leur première promenade. Une autre fois, ajouta-t-elle, nous prendrons le même chemin, et nous irons plus loin; aujourd'hui, nous allons retourner à terre. Monsieur de Lieben doit venir prendre le thé avec nous, et j'ai donné ordre chez moi qu'on l'envoyât auprès du père Leleu.

Louis obéit, ramena les dames devant la maison du batelier, les fit descendre et les salua; puis, repoussant son bateau avec la gaffe, se laissa aller au courant.

Monsieur de Lieben attendait déjà depuis quelque temps; mais la soirée était si belle, qu'Arolise proposa de se promener encore un peu dans l'île. Mélanie pria qu'on la laissât se reposer un peu dans la cabane du passeur. Elle était navrée; toutes les attentions, tous les regards du pêcheur étaient pour sa tante. Elle aimait un homme d'une condition aussi inférieure à la sienne, et elle n'était pas aimée de lui. Cet amour qui froissait tout son orgueil était dédaigné; de grosses larmes roulaient dans ses yeux.

Monsieur de Lieben et Arolise revinrent la prendre presque aussitôt. Arolise, n'étant pas accompagnée de sa nièce, avait borné la promenade à quelques pas sur la partie découverte de la plage.

Mélanie n'entendit que la fin de la conversation.

MONSIEUR DE LIEBEN. — Monsieur de Wierstein possède une des plus belles fortunes de France.

MADAME DE LIRIAU. — Ce que vous me dites là m'étonne on ne peut plus, et d'ailleurs n'est guère probable; mais je le saurai demain.

Arolise demanda au père Leleu s'il connaissait monsieur de Wierstein.

LELEU. — Je ne l'ai jamais vu.

MADAME DE LIRIAU. — N'a-t-il pas une propriété sur la rivière?

LELEU. — Oui, une île très grande: vous avez dû la voir l'autre jour. Mais on n'y laisse entrer personne. Son homme d'affaires a acheté le droit de passage à Richard ici, et on me le loue presque pour rien à la condition que je ne conduirai jamais personne dans l'île de monsieur de Wierstein. Celui qui était ici avant moi a perdu le passage à cause de cela.

MADAME DE LIRIAU. — Croyez-vous que Louis nous y conduirait?

LELEU. — Il ne l'oserait pas plus qu'un autre; monsieur de Wierstein lui ferait retirer sa permission de pêche. Il a pris la pêche de la rivière à ferme.

MADAME DE LIRIAU. — C'est égal, je le lui demanderai; j'espère qu'il ne me refusera pas.

LELEU. — Pour moi, vous me donneriez cent francs, que je ne vous y conduirais pas; mais Louis est maître de faire ce qu'il veut. Cependant, comme c'est un bon garçon, je lui conseillerai de n'en rien faire dans son intérêt.

Arolise avait remarqué l'admiration profonde du pêcheur pour elle, mais c'était à ses yeux s'acquitter d'un hommage que tout homme lui devait: elle n'en était pas autrement touchée. Cependant, le lendemain, elle avait changé entièrement de manières avec lui; Mélanie en fut surprise, et Louis s'en aperçut lui-même. Pendant les autres promenades, elle s'était laissé être jolie; mais ce jour-là, elle mettait en évidence tous ses avantages, elle tendait tous ses gluaux, comme disait sa nièce à Caroline.

Il était impossible, pensait Mélanie, que le seul désir d'obtenir que ce garçon la conduise dans la propriété de monsieur de Wierstein mette ma tante ainsi sous les armes.

Il n'est pas probable, se disait le pêcheur, qu'il se soit opéré une aussi rapide métamorphose dans les manières de madame de Liriau à mon égard, sans qu'il y ait là-dessous quelque chose que je ne sais pas.

En effet, les batteries d'Arolise ne tiraient pas de haut en bas, comme il était à présumer qu'elles devaient faire pour attaquer et réduire un ennemi aussi humble que le pauvre pêcheur Louis; elles étaient dirigées horizontalement, c'est-à-dire comme elles devaient l'être contre un adversaire placé sur le même terrain que l'agresseur.

Le père Leleu avait rapporté à Louis le fragment de conversation dont il avait été témoin, et les questions qu'on lui avait faites sur monsieur de Wierstein et sur son île, et aussi le projet de madame de Liriau de jeter le pêcheur dans une entreprise dangereuse.

— Pour moi, dit le batelier, je les ai averties que vous iriez si cela vous convient, mais que pour cent francs je ne toucherais pas la terre de l'île du bout de ma gaffe. J'espère bien que vous ferez comme moi, maître Louis; je vous apprends, si vous ne le savez, que la permission de pêche, dont j'aime à croire que vous êtes muni, vous vient de l'homme d'affaires de monsieur de Wierstein, et qu'une incartade comme celle qu'on veut vous faire faire serait cause qu'on vous la retirerait immédiatement. Si, comme je le suppose, — il n'y a rien de déshonorant, et vous n'êtes pas le seul, — si vous avez besoin de votre état pour vivre, vous ferez bien de regarder à deux fois à ce que cette dame veut vous demander.

— J'y réfléchirai, dit le pêcheur.

— Et vous ferez bien, répondit le batelier.

Quand Arolise lui demanda s'il consentirait à les conduire dans la propriété de monsieur de Wierstein, il hésita un moment, et répondit:

— Après-demain, si vous voulez.

Arolise et monsieur de Lieben échangèrent un regard d'intelligence qui n'échappa pas à Louis.

La promenade fut courte ce soir-là. Mélanie était triste et silencieuse; monsieur de Lieben et Arolise semblaient impatiens de se communiquer quelques observations qu'ils avaient faites. Louis fumait sans rien dire; il n'avait pas d'ailleurs l'habitude, quand il conduisait ces dames, de parler sans qu'on l'interrogeât.

De retour à la maison, Arolise dit à sa nièce:

— Après-demain, je saurai tout.

MÉLANIE. — Eh! que saurez-vous?

AROLISE. — Je saurai ce que c'est que le prétendu Louis.

MÉLANIE. — Ne le savez-vous pas?

AROLISE. — Que penses-tu de lui?

MÉLANIE. — Nous en savons beaucoup de bien; sa conduite au sujet de votre bracelet, son dévouement pour cet enfant qu'il a sauvé de l'eau, nous disent que c'est un noble cœur.

AROLISE. — Mais ses manières?

MÉLANIE. — Il serait à désirer que tous les hommes du monde lui ressemblassent sous ce rapport comme sous les autres; elles ont servi à me convaincre d'une chose que j'avais toujours soupçonnée, c'est qu'il y a une partie de la politesse et de la distinction qui vient du cœur.

AROLISE. — Tu ne vois dans tout cela aucun mystère?

MÉLANIE. — Aucun, ma tante.

AROLISE. — Et tu crois que Louis est véritablement un pêcheur?

MÉLANIE. — Sommes-nous donc entrées dans un roman ma chère tante, où le héros doit nécessairement être *autre chose que ce qu'il paraît!* Si Louis n'est pas un vrai pêcheur, ce n'est pas pour nous qu'il a pris ce déguisement, car nous l'avons trouvé en plein exercice de ses fonctions. Est-ce monsieur de Lieben qui vous a mis cela dans la tête? est-il fatigué d'être le héros de mon roman, et veut-il se faire relayer? Ma chère tante, Louis est aussi pêcheur que monsieur de Lieben est ennuyeux.

AROLISE. — Tu pourrais bien avoir raison. Cependant j'ai fait quelques petites remarques qu'il serait bien difficile d'expliquer si Louis est réellement un pêcheur. As-tu fait attention au tabac qu'il fume? Il répand une odeur douce et suave, tandis que lorsque le père Leleu ou tout autre homme de cette classe prend sa pipe, c'est à donner des nausées.

MÉLANIE. — Mais, vous, avez-vous remarqué son costume, son visage et ses mains brûlés par le soleil, et son adresse à manœuvrer son bateau, et la familiarité du vieux batelier qui, certes, n'est pas jouée?

AROLISE. — On peut plaider pour et contre : je saurai cela demain. Certes, si ce beau pêcheur est monsieur de Wierstein, comme le pense monsieur de Lieben, c'est un joli roman, et je donnerai de bon cœur les mains au dénoûment, car il me semble que le pêcheur Louis m'honore d'une attention assez audacieuse.

MÉLANIE. — Et si Louis est un pêcheur?

AROLISE. — Je m'en amuserai un peu jusqu'à la fin de l'été.

Mélanie passa toute la nuit à pleurer. Elle se mit aussi à rassembler tout ce qui, dans le pêcheur, venait à l'appui des soupçons de monsieur de Lieben; puis elle se rappela les regards de Louis si constamment fixés sur Arolise. Il l'admire, se disait-elle; mais le pêcheur eût été découragé par les dédains de madame de Liriau, tandis que monsieur de Wierstein tombera dans les piéges d'Arolise, et son admiration deviendra de l'amour. Je suis punie de ma lâcheté : j'ai considéré comme une honte mon amour pour l'homme le plus noble et le plus généreux, je ne le trouvais pas digne de moi ; et maintenant ce futile avantage qui lui manquait aux yeux de ma vanité va venir me l'enlever. Je n'ai pas su comprendre que le plus grand bonheur est de faire un sacrifice à celui qu'on aime, et qu'en amour c'est celui qui reçoit qui est généreux ; mais quel sacrifice avais-je à lui faire? Quelle est donc ma position? une fille pauvre qui ne diffère des filles du peuple que parce qu'elle gagne au prix de cent humiliations le pain que ces filles peuvent gagner fièrement de leur travail.

XXII.

Mélanie évita sa tante jusqu'au jour fixé pour la promenade dans l'île de monsieur de Wierstein. Elle sentait contre elle des mouvemens qui ressemblaient singulièrement à la haine. Quand on fut sur le point de partir, madame de Liriau 'avisa que Mélanie avait une robe qui faisait admirablement ressortir la plus charmante taille du monde.

Elle prit son air le plus caressant et lui dit :

— Mon Dieu! quelle robe as-tu là, Mélanie?

MÉLANIE. — Mais, ma tante, une robe que vous avez vue trente fois.

AROLISE. — Mais tu mourras de froid, avec cela.

MÉLANIE. — Oh! ma tante, il fait si chaud!

AROLISE. — Tu sais bien que c'est le soir que se fait la promenade.

MÉLANIE. — Je mettrai un châle.

AROLISE. — Non, non, je serais dans une inquiétude mortelle.

MÉLANIE. — Vous êtes trop bonne, ma tante, mais avec un châle...

AROLISE. — Il faut absolument que tu mettes une robe ouatée. Comment, d'ailleurs, as-tu pu, pour une partie de campagne, choisir une robe qui, outre qu'elle est froide, doit te gêner horriblement?

MÉLANIE. — Au contraire, ma tante, elle est *horriblement* large.

Mélanie répondait ce que répond toute femme à laquelle on dit qu'elle est serrée. Du reste, elle tenait à garder sa robe, précisément parce que sa tante voulait qu'elle en changeât.

— Tenez, ma tante, dit-elle en s'enveloppant dans un châle épais, croyez-vous que j'aurai froid comme cela?

AROLISE. — C'est peut-être une folie, mais je ne suis pas maîtresse de mes inquiétudes. Cette promenade n'aurait aucun charme pour moi si je devais sans cesse frémir pour ta santé, et j'aimerais mieux me priver du plaisir que j'en attends.

Mélanie comprit qu'il fallait obéir; elle se déshabilla et prit un autre costume. Elle n'osa pas remarquer tout hau que sa tante, qui avait si peur du froid, était plus que raisonnablement *décolletée* pour une promenade en bateau.

— Mais, pensait Arolise, avec quoi, sans cela, se parerait-on quand on est en deuil?

(Disons ici, à l'usage des générations futures, que *se décolleter*, qui semble au premier abord vouloir dire qu'on dégage ou qu'on découvre son col, est une expression consacrée par les femmes pour exprimer l'action de montrer à nu le cou, les épaules, la moitié du dos, et les deux tiers de la gorge. J'en excepte celles qui montrent plus de gorge qu'elles n'en ont.)

Il est six heures : les deux dames partent accompagnées de M. de Lieben, et l'on se promène un peu dans l'île Richard en attendant l'arrivée de Louis. Il n'arrive qu'à sept heures; monsieur de Lieben l'accueille par un — « A la bonne heure! » — des plus impertinens. Louis fait entrer Arolise et Mélanie dans son bateau. M. de Lieben veut y prendre place, mais Louis l'arrête :

— Pardon, monsieur, je ne puis vous emmener.

MONSIEUR DE LIEBEN. — Comment! qu'est-ce que ça veut dire?

LOUIS. — Je ne puis avoir l'honneur de vous prendre sur mon bateau...

AROLISE. — Et pourquoi cela, Louis?

LOUIS. — Parce que mon bateau serait trop chargé.

MONSIEUR DE LIEBEN. — Alors il faut prendre celui du père Leleu, qui est plus grand.

LOUIS. — Le bateau du père Leleu n'a pas de voile, et la route est longue.

MONSIEUR DE LIEBEN. — Je récompenserai ce que vous aurez de fatigue de plus...

LELEU. — Pour moi, je ne prête pas mon bateau pour une expédition que Louis n'entreprendrait pas, s'il m'en croyait; je n'ai pas envie de me compromettre et de perdre le passage.

AROLISE. — Vraiment, Louis, cela me contrarie beaucoup.

MONSIEUR DE LIEBEN. — Si vous étiez raisonnables, mesdames, vous ne feriez pas cette promenade. Quel plaisir y trouverez-vous?

AROLISE. — Oh! pour la promenade, j'y tiens absolument. (*Bas à monsieur de Lieben.*) Restez, et faites-vous conduire par le vieux batelier.

MONSIEUR DE LIEBEN, *bas.* — Vous savez bien qu'il ne voudra pas.

AROLISE, *bas.* — Si vous ne savez pas l'y décider, c'est que vous êtes bête ou avare, et nous serons toutes consolées de votre absence. (*Haut.*) Adieu, monsieur de Lieben, à tantôt.

Le bateau glisse sur l'eau ; mais bientôt Louis cesse de ramer, et se contente de tenir sa chaloupe dans le courant.

— Avouez, Louis, dit Arolise, que vous auriez bien pu prendre monsieur de Lieben?

— Peut-être, madame, répondit Louis ; mais je risque beaucoup pour vous, et je ne veux le faire que pour vous.

— Mais comme nous allons doucement! remarqua madame de Liriau.

— C'est que je ne veux pas arriver à l'île avant la nuit : on nous verrait...

— O mon Dieu! mais à quelle heure reviendrons-nous?

— A l'heure que vous ordonnerez, madame; le vent est encore aujourd'hui favorable pour le retour ; il ne faudra que quelques minutes pour vous ramener chez vous.

— Mais toutes deux seules, la nuit.... Il faut que nous ayons bien confiance en vous, Louis.

— Mélanie, dit-elle bas à sa nièce, je suis sûre maintenant que c'est monsieur de Wierstein.

A ce moment, on passait devant la cabane de la fermière dont le pêcheur avait sauvé l'enfant; madame de Liriau parla pour la première fois à Louis de ce trait d'humanité, mais avec des paroles ampoulées et exagérées. D'abord Louis parut recevoir ses éloges avec plaisir, mais bientôt il devint sérieux, il leva sur elle un regard pénétrant; il était visiblement agité.

A force de remuer des mots, Arolise en trouva quelques-uns qui le touchèrent.

— Ah! madame, dit-il, que ne ferais-je pas pour mériter de vous de semblables paroles?

Heureusement pour Mélanie qu'il faisait nuit, elle n'aurait pu cacher sa pâleur et les larmes qui s'échappaient de ses yeux; un moment elle eut envie de se jeter dans la rivière. Les yeux de Louis, supplians et amoureux, avaient rencontré ceux d'Arolise, qui ne s'étaient baissés qu'après l'échange d'un de ces traits de flamme qui percent les enveloppes du cœur pour y déposer une sainte promesse.

Après tout, se dit l'âme de feu Bressier, si elle l'aime, ce sera un beau couple; j'aurais mieux aimé l'autre, mais je n'ose déjà plus être si difficile. Me voici à la fin de l'été, et je commence à croire qu'il n'est pas commun de rencontrer deux bouches qui se joignent par amour et rien que par amour. Seulement, j'ai bien peur qu'Arolise n'aime le pêcheur que depuis qu'elle le croit monsieur de Wierstein, c'est-à-dire le possesseur d'une immense fortune et l'un des hommes les plus recherchés dans le monde.

— Nous voici arrivés, dit Louis en dirigeant son bateau vers un bras de la rivière qui entourait en murmurant une île qui semblait une haute et épaisse forêt de saules et de peupliers noirs pleins d'étoiles. Louis chercha quelque temps un endroit commode pour aborder, amarra son bateau à un saule, et aida ses passagères à descendre sur l'herbe. Il serra doucement la main d'Arolise, et crut sentir qu'elle répondait à cette pression. — O mon Dieu! pensa-t-il, pourvu que je ne me trompe pas!

— Maintenant, dit-il, suivez-moi.

Tous les trois se glissèrent à travers les saules, et s'arrêtèrent tout à coup, surpris d'un spectacle inattendu. Cette forêt touffue, inculte, n'était qu'une ceinture, un rideau, qui enfermait le plus magnifique parc du monde: des allées sablées se perdaient sous des masses de verdure, une musique délicieuse se faisait entendre, sans qu'il fût possible de voir d'où elle venait; de place en place, un arbre était chargé de lanternes allumées, les unes rouges, les autres vertes, bleues ou jaunes: on eût dit de grandes fleurs lumineuses. Des lampions cachés éclairaient à terre une confusion de fleurs de toutes sortes; c'étaient des gazons de roses, des taillis de tubéreuses, qui embaumaient l'air. En passant sous des voûtes de verdure, on reconnaissait à l'odeur qu'on était dans des jasmins et dans des chèvrefeuilles. C'était un enchantement, une féerie. Arolise et Mélanie, se tenant par le bras, ne se communiquaient leur surprise que par des pressions silencieuses. La musique se tut, et l'on entendit de loin deux trompes de chasse qui se répondaient, échangeaient ou jouaient ensemble de solennelles fanfares.

Arolise et Mélanie s'arrêtaient de temps en temps, puis faisaient quelques pas; alors elles voyaient à leurs pieds les fleurs les plus rares, les plus belles, les plus parfumées; tout était éclairé avec un art infini. Le dessous des arbres illuminés, tandis que le dessus formait des voûtes noires, produisait un effet contraire à celui du jour plein de mystère et de magie.

Tout à coup, comme ils sortaient d'une allée sombre, une voix se fit entendre qui dit: Qui va là? et qui êtes-vous?

XXIII.

Arolise et Mélanie avaient en ce moment si parfaitement oublié monsieur de Lieben, qu'il y a conscience à nous de nous souvenir de lui, et de vous dire ce qu'il faisait en ce moment. Il faisait de droite à gauche le tour d'une île plantée d'osier, qui pouvait bien avoir trente pieds en tous sens, et sur laquelle le père Leleu l'avait déposé. Voici pourquoi et comment:

Le bateau de Louis était encore en vue, qu'il avait dit au vieux batelier: — Ecoutez, mon brave homme, quand vous disiez l'autre jour que pour cent francs vous ne conduiriez pas quelqu'un sur l'île de monsieur de Wierstein, vous ne vous attendiez pas qu'on vous les offrirait. Eh bien! les voici, et en or, si vous nous mettons en route à l'instant même.

LELEU. — Monsieur, c'est absolument comme si vous m'offriez deux liards pour vous conduire à la lune! je vous ai dit que cela m'exposerait à perdre le passage de l'île à Richard, et c'est le pain de toute ma famille.

MONSIEUR DE LIEBEN. — Eh bien! louez-moi votre bateau pour la soirée; je les vois encore, je les rejoindrai.

LELEU. — Cela ne se peut pas, monsieur; il faut que mon bateau soit là pour les passagers qui pourraient se présenter.

MONSIEUR DE LIEBEN. — Il ne viendra personne à cette heure-ci.

LELEU. — Peut-être, monsieur. Mais, d'ailleurs, croyez-vous qu'on ne reconnaîtrait pas mon bateau, si l'on vous prend dans l'île? ne sont-ils pas tous numérotés? Et puis, voyez-vous, monsieur, conduire un bateau d'ici à l'île de monsieur de Wierstein, entrer dans le petit bras de la rivière, et revenir ensuite ici! c'est quelque chose qu'on ne vous apprend pas à la ville. Avant d'être à moitié chemin, vous n'auriez plus de peau aux mains.

MONSIEUR DE LIEBEN.— Peu vous importe.

LELEU.— Peut-être encore, car vous feriez perdre mon bateau; mais ce qui m'importe, c'est que j'en ai besoin ici, et que, si par hasard vous arriviez là-bas, on reconnaîtrait mon bateau comme on me reconnaîtrait; les bateaux ont une figure comme les gens. Un bateau que j'ai vu une fois peut se déguiser autant qu'il lui plaît; je suis toujours bien sûr de le reconnaître.

MONSIEUR DE LIEBEN. — Père Leleu...

LELEU.— Monsieur?

MONSIEUR DE LIEBEN. — Vous êtes un vieil entêté.

LELEU.— On me l'a toujours dit.

MONSIEUR DE LIEBEN. —Eh bien! ce bateau que vous ne voulez pas me louer, je vais le prendre de force.

Et en disant ces paroles, monsieur de Lieben sauta dans le bateau, et délia l'amarre avant que le père Leleu, qui n'était plus bien agile, eût pu l'en empêcher. Il se poussa à quelques pas du rivage, et dit:

— Voyez maintenant, ou conduisez-moi, ou je me mets en route tout seul.

Leleu réfléchit un moment et dit:

— Je vous conduirai, jetez-moi l'amarre. Vous êtes plus entêté que moi.

Monsieur de Lieben lui jeta une corde au moyen de laquelle il ramena son bateau à terre le bateau sur lequel il monta. — Monsieur, dit-il, vous feriez mieux de ne pas vous obstiner, et de revenir à terre.

— Non, non, en route.

— En route donc! — dit tristement le père Leleu. Il prit les avirons, et commença à ramer du côté où Louis avait disparu dans la brume. Au bout d'un quart d'heure, il dit : — Monsieur, il est encore temps ; vrai, vous feriez mieux de m'ordonner de retourner à la maison.

— Allons donc ! vieux radoteur.

— Allons, dit le père Leleu.

Un quart d'heure après, il dit :

— Voilà l'île de monsieur de Wierstein.

— Ça ?

— Ça.

— Ça n'est pas grand.

— Ça paraît comme ça ; mais quand vous serez dedans, vous en serez content. Pourtant, monsieur, si vous vouliez, nous pourrions encore retourner.

— Taisez-vous, et abordez.

— Vous le voulez ? dit le père Leleu.

Il aborda. Monsieur de Lieben sauta à terre. Le père Leleu, au même instant, se poussa loin du rivage, et rama sans bruit pour retourner chez lui. Monsieur de Lieben fit quelques pas dans l'île, puis revint à la place où il supposait le bateau, et dit à voix basse : Je vous retrouverai là, père Leleu.

Il se remit en route ; mais il ne tarda pas à reconnaître la vengeance du vieux batelier. Il n'avait pas fait quinze pas à travers les osiers, qu'il retrouva la rivière ; il la prit dans l'autre sens, il fit quinze pas, et trouva encore la rivière.

Il revint en courant à l'endroit où il avait laissé le bateau, il ne le trouva pas. Je me suis peut-être trompé, dit-il, et il fit tout le tour de l'île, appelant le père Leleu ; d'abord à voix basse, puis élevant la voix jusqu'au cri. Pas de père Leleu !

Alors monsieur de Lieben comprit qu'il était dans une situation analogue sous certains rapports à celle de Robinson Crusoé, mais beaucoup plus triste sous un autre, en cela qu'elle était ridicule.

N'ayant aucun moyen de l'en tirer pour le moment, nous le laisserons continuer ses tours et exhaler sa colère en imprécations variées. Retournons auprès de Mélanie et de sa tante.

XXIV

A cette voix qui criait : — Qui va là et qui êtes-vous ? — les deux femmes, saisies de frayeur, s'étaient rejetées dans l'allée sombre, où elles se tenaient immobiles, pressées l'une contre l'autre. Louis, qui se tenait derrière elles, se trouva alors devant et parfaitement éclairé. La personne qui avait parlé était un jeune homme et d'une figure agréable, quoique empreinte en ce moment de sévérité et de colère. Sa mise était riche plutôt que distinguée.

— Qui vous a permis de venir ici ? demanda-t-il à Louis d'un ton impérieux. Ne puis-je être tranquille chez moi sans que tout le monde s'y introduise ? Trop heureux encore si ce n'est qu'une sotte curiosité qui vous amène, et si l'heure de votre entrée clandestine dans ma propriété ne cache pas de plus mauvais desseins !

Mélanie, traînant sa tante après elle, sortit de la retraite que leur donnaient les arbres, et se montra, pour ne pas laisser planer plus longtemps sur Louis un soupçon aussi offensant ; Arolise prit la parole et dit :

— C'est sans doute à monsieur de Wierstein...

L'étranger salua poliment, et dit :

— Oui, madame.

— Eh bien ! monsieur, dit Arolise, il n'y a de coupable que moi ; j'ai forcé ce pauvre garçon de nous amener ici malgré sa répugnance. Nous allons nous retirer.

— Oh ! oui, ma tante, partons, dit tout bas Mélanie.

Puis, se rapprochant de Louis, qui restait immobile et les bras croisés :

— Mon pauvre Louis, combien je suis fâchée que nous vous causions ce désagrément !

— Madame, dit l'étranger, je n'imposerai qu'une seule punition à votre curiosité : c'est que vous me permettiez de vous faire voir moi-même ce que vous êtes venues chercher. Vous voilà exposées aux manies d'un propriétaire qui va vous faire tout admirer, et ne vous fera pas grâce d'un brin d'herbe.

— Ma tante, partons, répétait tout bas Mélanie.

— Monsieur, répondit madame de Liriau, vous nous permettrez de nous retirer. Tout annonce que vous donnez une fête, que vous avez du monde ; nous serions à la fois importunes et embarrassées.

— Moi, madame ! je n'ai personne. Je ne suis pas de ceux qui mettent des toiles vertes sur leurs tableaux et des housses sur leurs meubles, et ne les découvrent que pour les autres. Je n'ai pas besoin pour jouir des belles choses qu'elles soient enviées par des spectateurs. Je me donne ainsi des fêtes à moi-même ; seulement je ne puis me faire de surprises. Le hasard s'est chargé cette fois de m'en préparer une, la plus agréable du monde ; vous ne voudriez pas m'empêcher d'en profiter. D'ailleurs, vous êtes mes prisonnières, et la grâce de ce garçon, auquel j'ai bien envie de pardonner, est à ce prix.

— Allons, dit Arolise à sa nièce, il faut rester.

— Mais...

— Ce serait ridicule.

L'étranger offrit un bras à madame de Liriau et fit mine d'offrir l'autre à Mélanie ; mais, comme il s'y attendait, elle s'inclina et prit le bras de sa tante.

L'étranger se tourna vers Louis et lui dit :

— Pour vous, mon garçon, tenez-vous à portée de recevoir les ordres de ces dames.

— Louis est un pêcheur, se dit madame de Liriau.

— Louis est un pêcheur, se dit Mélanie.

Mais, pour la première, ces paroles renfermaient du dédain, du mécontentement et de l'embarras. Pour la seconde, elles voulaient dire : Ma tante ne l'aimera pas, il n'a plus le brillant prestige qui l'entourait ; ce n'est plus qu'un noble cœur, un honnête homme. Je puis l'aimer.

L'étranger leur fit visiter le parc en détail, puis les conduisit, comme par hasard, dans un pavillon richement décoré, où une table était dressée. Elles refusèrent de souper ; cependant Arolise accepta une glace, puis quelques friandises. L'étranger fut aimable et empressé ; Arolise fut coquette. La musique invisible continuait à jouer les plus ravissantes mélodies : il venait à travers le silence et la fraîcheur de la nuit des bouffées de musique et d'odeurs. L'âme se laissait aller à un doux enivrement. Un moment, comme l'étranger s'était éloigné pour donner quelques ordres, madame de Liriau dit :

— Heureuse la femme qui sera reine de ce séjour enchanté ! Quelle charmante retraite !

— Oui, pensa Mélanie, quelle charmante retraite pour y aimer un autre !

Il se passa plusieurs heures avec une effrayante rapidité. Mélanie en avertit madame de Liriau, qui écoutait les complimens du maître de l'île avec une bienveillance marquée. Arolise manifesta l'intention de se retirer.

— Monsieur de Wierstein, dit-elle, vous nous avez fait passer une soirée ou plutôt une nuit charmante.

— Et vous, madame, dit-il, vous avez gâté à tout jamais ma solitude et une retraite chérie.

— Vous plaisantez.

— Non ; tout ce que j'aimais ici n'était qu'un cadre ; ce sera surtout un cadre vide maintenant qu'il a été rempli d'une manière si charmante.

Il était plus de deux heures après minuit quand on finit par abandonner l'île de monsieur de Wierstein. Il reconduisit Mélanie et sa tante jusqu'au bateau qui les avait amenées. Par son ordre, le bateau était tout pavoisé de lanternes vertes. Louis se tenait debout, silencieux et pensif. — Voulez-vous me permettre de vous reconduire ? demanda l'étranger.

— Pourquoi ? demanda Arolise, nous avons le batelier.

— Mais, dit monsieur Wierstein, ce n'est pas pour ramener que je veux aller avec vous.

— Merci, il est tard, restez chez vous.

— Je n'y reste pas, je retourne à la ville ; j'ai donné ordre qu'on m'attendît avec mes chevaux en face de l'île Richard. Si vous refusez de m'emmener jusque-là, je serai fort embarrassé.

— Venez donc, puisqu'il en est ainsi.

Il entra dans le bateau et s'assit à côté d'Arolise. Mélanie se dérangea et se mit sur un autre banc. L'étranger parlait bas à madame de Liriau, qui ne jeta pas un seul regard sur Louis. Pour Mélanie, elle lui adressa trois ou quatre questions insignifiantes d'un ton doux et bienveillant, Louis, triste et préoccupé, lui répondit à peine.

Aussitôt qu'on eut quitté la rive, un second bateau s'en détacha à son tour, et, faisant force de rames, ne tarda pas à précéder le premier à une assez longue distance. Il était illuminé avec des lanternes rouges. Tout à coup il en sortit une ravissante musique qui continua à marcher devant le bateau de Louis. Cependant, au bout d'une demi-heure, il s'arrêta et aborda à une petite île.

— Qu'ont donc les musiciens ? demanda de mauvaise humeur monsieur de Wierstein, qui, grâce aux lanternes rouges, distinguait parfaitement les mouvemens du bateau.

Voici ce qu'ils avaient :

En passant devant l'oseraie, ils avaient entendu la voix lamentable de monsieur de Lieben ; ils l'avaient fait monter à leur bord, et ils reprirent leur marche.

Monsieur de Lieben se fit mettre à terre avant l'arrivée de l'autre bateau. Il ne voulait pas raconter sa mésaventure à Arolise. Ce bateau chargé de musiciens, cet autre dans lequel il voyait un étranger, cet air de fête, ces lanternes de couleur, tout lui annonçait qu'en un pareil moment le récit de son malheur exciterait plus de gaieté que de pitié. Pour monsieur de Wierstein, il demanda la permission d'aller savoir si cette nuit sur la rivière n'avait pas eu pour la santé d'Arolise un résultat fâcheux. Arolise ne refusa pas.

Il faut maintenant que nous fassions quelques pas en arrière pour prendre connaissance d'une lettre que monsieur de Wierstein avait, quelques jours auparavant, adressée à son ami Frédéric Mornaud.

XXV.

LOUIS DE WIERSTEIN A FRÉDÉRIC MORNAUD.

« Il faut que je te dise que Dubois, qui, ainsi que moi s'appelait Louis, — tu sais que nous avons eu le même parrain, — a cru devoir changer ce nom un peu vulgaire, il est vrai, mais que j'aime à cause de l'excellent homme qui me l'a donné. Louis Dubois s'appelle maintenant Arthur ; son nom de Dubois a également subi une légère modification. Mais, comme ceci était plus grave relativement à la prétention que cette altération affichait, il a mis deux ans à transformer son nom de Dubois en celui de du Bois, en séparant graduellement les deux syllabes, puis sans bruit il a changé la première syllabe de Dubois en un article en l'écrivant et en le faisant graver sur ses cartes de visite : — Du Bois. — Puis, il lui est mort un oncle, et il a envoyé les lettres de faire part au nom de Monsieur Arthur du Bois.

« Je voudrais que tu visses maintenant la retraite que je me suis arrangée ; c'est la réalisation des rêves que je fai-

sais quand la triste pauvreté appesantissait sur moi sa main crochue. Mon île est le plus ravissant endroit du monde. Je n'ai absolument rien changé à ce qui se peut voir du dehors ; les bords sont toujours hérissés de saules dont les branches, pendent dans l'eau, et autour desquels grimpent les lianes des grands volubilis blancs. Pour le pêcheur qui passe, c'est une île comme toutes les autres îles. J'ai réservé mes magnificences pour les parties cachées de mon séjour. Quelques bourgeois de la ville, cependant, au commencement de la saison, se sont avisés de s'y faire descendre, et j'ai trouvé un jour une société comme ils disent, faisant sur une de mes pelouses un repas champêtre, et y laissant pour trace de son passage des débris de pain et de jambon. Quelques-uns s'étaient fait des cannes avec les plus belles branches d'un cerisier à fleurs doubles. J'avisai au moyen de prévenir in futurum de semblables invasions.

» Il y a à une demi-lieue de là une autre île banale et publique dans laquelle un mauvais cabaret attire, les jours de fête, un grand concours de monde, et quelquefois même des gens assez bien. Un batelier paye au cabaretier propriétaire de l'île une redevance annuelle pour avoir exclusivement le droit de passer le monde d'une rive à l'autre. J'ai appris par des pêcheurs que c'est ce batelier qui avait conduit les bourgeois dans mon île. J'ai envoyé mon homme d'affaires trouver le cabaretier. Il lui a offert pour le privilége du passage une redevance double de celle qu'il reçoit. Il n'a pas hésité à lui donner la préférence. Maître du passage, je l'ai fait donner, toujours par mon homme d'affaires, à un vieux pêcheur que je rencontre quelquefois sur la rivière, et qui commence à avoir bien du mal à faire son pénible métier, à cause des nuits froides qu'il faut passer dehors. On lui a sous-loué le passage avec des avantages qui le rendent le plus heureux des hommes. Ce qu'il a à remettre sur ses bénéfices n'a pour but que de le tromper lui-même sur ma situation, pour ne pas donner un nouvel attrait aux invasions que je veux éviter. Ces quelques écus d'ailleurs rentrent chez lui sous forme de petits cadeaux à sa femme et à ses enfans. Quant à moi, il me prend pour un pêcheur ; il sait que je m'appelle Louis, et n'en demande pas davantage. Il me voit presque tous les jours sur la rivière manœuvrant mon bateau où jetant l'épervier aussi bien, j'ose m'en flatter, qu'aucun pêcheur du pays. Mes costumes sont peu capables de me dénoncer comme bourgeois.

» Maintenant que l'inviolabilité de mon île est assurée, je suis heureux et tranquille dans ma retraite pendant toute la belle saison ; l'hiver j'habite à la ville le riche hôtel que m'a laissé mon oncle. J'ai conservé dans le triste quartier du marché le logement que j'ai habité quelques années, lors de mes luttes avec la misère, quand le dégoût des autres professions me faisait croire de si bonne foi que j'avais une irrésistible vocation pour la peinture. Je n'ai rien changé à la disposition de l'atelier ; j'y vais quelquefois passer une journée, lorsque je veux bien raviver mes souvenirs et revoir mes jours écoulés. Il y a quelques jours, me trouvant dans un quartier éloigné, j'eus faim, et je cherchai inutilement un restaurant d'une apparence comfortable. Tout à coup je me dis : — Mais, mon bon Louis, vous êtes, ce me semble, devenu terriblement bégueule. Rappelez-vous donc, et vous me ferez plaisir, vos dîners d'autrefois ; rappelez-vous vos sensations gastronomiques quand l'état de vos finances vous permettait de vous élever jusqu'à un somptueux cervelas de trois sous.

» J'entrai alors dans un cabaret, je me plaçai à une longue table sur laquelle dînaient des ouvriers, et je dînai comme eux et avec eux.

» Ce retour sur le passé jeta mon esprit, comme de coutume, dans une sorte de rêverie mélancolique qui n'est pas sans douceur. Aussi pris-je pour la prolonger la résolution d'aller le lendemain à mon atelier, et d'y faire un de mes dîners d'autrefois. Le hasard se chargea de compléter l'illusion en me faisant rencontrer Dubois Je l'invitai à dîner, il aurait au moins autant aimé dîner à l'hôtel; cependant il consentit à se prêter à mon caprice et à mon enfantillage. J'étais le lendemain à l'atelier longtemps avant lui; je retrouvai sur le mur couleur chocolat les adresses écrites à la craie de divers *modèles* que je faisais *poser :* cinq ou six juives plus ou moins belles, qu'on retrouve plus ou moins dans tous les tableaux contemporains; plus, diverses inscriptions également écrites à la craie, telles que :

Ici *on ne parle pas politique ;*

ou :

On est prié de remettre à sa place la pipe dont on s'est servi.

Je retrouvai encore, toujours écrit à la craie, sur le mur, un reçu du pauvre diable de tailleur qui me faisait alors de si étranges redingotes.

» Dubois arriva.

» — Eh bien! me dit-il, où est le dîner?

» — Mais, lui dis-je, as-tu donc oublié que c'est un de nos dîners d'autrefois, et que nous devons l'aller chercher nous-mêmes?

-DUBOIS. — Je frémis de la rigueur de ta mémoire; tâche au moins d'y trouver un dîner le moins mauvais possible.

LOUIS. — Ecoute, nous allons refaire ce dîner splendide que nous fîmes le jour où je vendis mes livres.

DUBOIS. — Parbleu! je m'en souviens : des côtelettes à la sauce de chez le charcutier, une tourte et une bouteille de vin cacheté.

LOUIS. — Es-tu sûr que le vin fût cacheté?

DUBOIS. — Si j'en suis sûr? Certes, oui, j'en suis sûr.

LOUIS. — Je croyais plutôt me rappeler...

DUBOIS. — Cacheté, mon cher, cacheté, tout ce qu'il y avait de plus cacheté au monde; il me semble voir encore la bouteille. Si elle était cachetée! je t'en réponds qu'elle était cachetée, et cachetée d'un cachet vert encore.

LOUIS. — Va donc pour le vin cacheté.

» Nous nous mîmes en route chacun de notre côté; une demi-heure après, le dîner était servi, une autre demi-heure après, mangé.

» Je ris à me tordre lorsque Dubois se fit, comme autrefois, un col de chemise en papier à lettres; c'était, il faut le dire, une de nos plus sublimes inventions. A la lumière cela faisait, à tromper même les femmes, l'effet de linge de a plus grande finesse.

» Quand nous quittâmes l'atelier, je dis à Dubois : — Je te dois un dédommagement; viens passer quelques jours dans mon île.

» Nous partîmes le lendemain de bon matin. En attendant le dîner, j'allai relever mes nasses à quelque distance de chez moi; je rencontrai mon batelier.

» — Eh bien! père Leleu, comment cela va-t-il?

LELEU. — Mais assez bien, maître Louis, sauf un ennui qui me survient.

LOUIS. — Et quel est cet ennui?

LELEU. — Oh! vous n'y pouvez rien faire, ni moi non plus.

LOUIS. — C'est égal, dites toujours.

LELEU. — Il y a que c'est demain fête, qu'il va venir ici du monde comme s'il en pleuvait, et que j'ai reçu une lettre qui m'annonce que mon fils aîné, qui travaille à la ville, s'est fait mettre en prison pour s'être battu; qu'on ne le lâchera que je ne vais le réclamer, et qu'il n'y a pas moyen de démarrer d'ici avant après-demain, de sorte que le pauvre garçon va passer un jour de plus en prison.

LOUIS. — Écoutez, père Leleu, si ce n'est que ça, je me charge de votre bateau pour demain; je passerai le monde, et je vous rendrai bon compte des recettes.

LELEU. — Si c'est pour tout de bon que vous me dites ça, maître Louis, ce sera un fameux service que vous me

rendrez. Je n'en ai pas dormi de la nuit. Je vous payerai votre journée.

LOUIS. — Nous en parlerons, père Leleu, mais soyez sûr que c'est pour tout de bon, et que je serai chez vous demain à quatre heures.

LELEU. — Pourvu que vous arriviez à six heures, ce sera assez matin. Ah bien! maître Louis, vous pouvez vous flatter que vous me tirez du pied une épine un peu longue.

LOUIS. — A demain, père Leleu.

LELEU. — A demain, maître Louis. Mais, pendant que je vous vois, maître Louis, dites-moi donc pourquoi on est quelquefois si longtemps sans vous rencontrer par ici?

LOUIS. — Pourquoi on est si longtemps sans me rencontrer par ici?... Ah! voyez-vous, père Leleu, c'est que je demeure assez loin en aval de la rivière, et que je ne remonte par ici que lorsque le poisson manque tout à fait par chez nous.

LELEU. — C'est donc ça. A demain, maître Louis.

LOUIS. — A demain, père Leleu.

» — Voici une étrange idée, me dit Dubois comme nous nous en retournions. Est-ce que réellement tu comptes passer demain la journée à traverser en bateau tous les gens qui vont venir au cabaret de Richard?

» — Certainement, et j'espère m'amuser beaucoup.

» — Tu recevras leur argent?

» — Avec empressement.

» — Pour moi, j'ai affaire à la ville; je reviendrai te voir dans un jour ou deux.

» Le lendemain, à cinq heures du matin, j'étais chez le père Leleu, qui me remercia encore cent fois, recommanda à sa femme de me faire de la soupe et de me la porter au bateau, comme elle faisait pour lui-même; puis il partit pour la ville, et moi j'entrai en fonction. Je te réponds que ce n'était pas une petite besogne. Je jouai du reste parfaitement mon rôle; personne ne me soupçonna d'être un faux batelier. Je reçus les airs de hauteur des boutiquiers endimanchés avec la joie que doit ressentir un acteur des plus vifs applaudissemens. Je fus humble et patient. On me fit porter dans mes bras, de la terre au bateau, des enfans et des chiens. Je ne laissai pas voir la moindre hésitation.

» Mais me voici arrivé au point sérieux de mon récit. Il était à peu près deux heures de l'après-midi, lorsqu'une voiture s'arrêta près de la rivière. Il en sortit deux femmes et un homme. L'homme s'approcha du bord de l'eau et m'appela, car j'étais alors sur l'autre rive : — Ohé! la nacelle.

» Je me sentis un peu embarrassé. La voiture était une voiture de louage, mais le cavalier était convenablement vêtu; les deux femmes, autant que l'éloignement me permettait de le voir, étaient jeunes et bien mises. Mon rôle me parut plus difficile vis-à-vis de ces nouveaux arrivés. Ces réflexions firent que j'hésitai un moment à répondre, et que l'étranger m'appela une seconde fois. Je répondis cette fois, et me mis en devoir de traverser la rivière pour les aller prendre. Je n'étais pas encore sur l'autre rive qu'il me reprocha durement de les avoir fait attendre, et de ne lui avoir pas répondu tout de suite. Je me sentis rougir de colère; je mis je pensai à l'instant qu'il serait à moi parfaitement ridicule de me fâcher parce qu'on me prenait réellement pour ce que je voulais paraître, pour un batelier au service et aux ordres de ceux qui le payent, et je répondis en m'excusant que je n'avais pas entendu, parce que le vent portait de l'autre coté. Mais quel fut mon étonnement, lorsque, dans une des deux femmes qui alors s'approchèrent de moi pour monter dans mon bateau, je reconnus mademoiselle de Nérin !.., »

XXVI.

PARENTHÈSE.

L'auteur est forcé d'interrompre ici la narration de Louis de Wierstein pour expliquer à ses lecteurs pourquoi ledit Louis de Wierstein fut si étonné en reconnaissant mademoiselle de Nérin.

Louis, presque encore adolescent, demeurait avec ses parens vis-à-vis de l'hôtel de monsieur de Nérin ; mademoiselle de Nérin, alors au couvent, venait quelquefois passer une journées chez ses parens. C'est dans une de ces journées que Louis l'aperçut à une fenêtre ; il la trouva charmante, comme elle était en effet. Louis lui écrivit une déclaration d'amour, et chargea de la remettre une femme de chambre à laquelle il glissa dans la main un louis amassé avec grande peine. La femme de chambre garda le louis, et au lieu de donner la lettre à mademoiselle de Nérin, trouva mieux de la porter à la mère, laquelle la renvoya sous enveloppe à la mère de Louis.

Celle-ci parla à son fils, et pensant que l'amour est la source des grandes et belles choses, elle n'osa pas tenter de le dessécher dans le cœur de son fils, tout en espérant qu'il serait facile de le faire changer d'objet quand il en serait temps. Louis n'ayant aucune occasion de voir mademoiselle de Nérin, ne pourrait manquer d'adresser un jour à quelque autre les sentimens qu'il aurait amassés dans son cœur. Elle lui demanda ce qu'il avait fait jusqu'à ce jour pour mériter l'amour de celle qu'il aimait. Elle lui fit honte de sa nullité, lui dit tout ce que la gloire a d'attraits pour les femmes, lui expliqua tout ce qu'il y aurait de beau à aimer en silence jusqu'à ce qu'il se fût rendu digne de l'objet de son amour.

Louis, naturellement exalté, adopta ces idées avec enthousiasme ; il consentit alors à se livrer aux travaux les plus fastidieux pour arriver à son but. Un an après, mademoiselle Arolise de Nérin se maria. Madame de Wierstein, alors, fut effrayée du jeu qu'elle avait joué, car Louis tomba dans une mélancolie profonde.

Ce rêve de son imagination, cet amour insensé pour une fille qu'il n'avait jamais vue que deux ou trois fois par la fenêtre, eut une grande influence sur toute sa vie. Il s'imagina que le monde entier était devenu son ennemi, surtout après qu'il eut perdu sa mère, dont la voix savait encore quelquefois adoucir son chagrin. Une observation de son père lui semblait un trait d'insupportable tyrannie. Enfin il quitta la maison, vécut au hasard, et n'y rentra que lorsque son père, tué en voyage par un accident de voiture, la lui laissa, comme à son seul héritier. — Petit héritage du reste ; mais un oncle, — un véritable oncle de roman, —avait un peu plus tard beaucoup mieux fait les choses.

XXVII.

SUITE DE LA LETTRE DE LOUIS DE WIERSTEIN.

« Elle était en grand deuil. Est-elle veuve ? ou bien le mouvement haineux que j'ai senti contre l'homme qui l'accompagne me disait-il que c'était son mari ? Tous trois entrèrent dans mon bateau, et je me mis en devoir de les passer dans l'île de Richard.

» La femme qui accompagnait mademoiselle de Nérin était plus jeune qu'elle ; mais je la regardai peu, tout occupé que j'étais de celle qui a jeté sans le savoir tant d'amertume et tant de découragement dans ma vie. Quand nous fûmes arrivés de l'autre côté, le cavalier me dit :— Qu'est-ce qu'on vous doit ?

» J'aurais voulu, pour tout au monde, ne pas avoir commencé cette plaisanterie. Je m'étais jus que-là amusé à dire aux autres passagers, ainsi que je l'avais entendu faire au père Leleu : A votre générosité ; ce qui m'avait, comme à lui, rapporté plusieurs fois beaucoup au delà du tarif ordinaire. Cette fois, je dis simplement : Vous êtes trois, c'est six sous. J'étais sorti du bateau, et je voulais donner la main à ses compagnes pour les aider à descendre, mais il se mit entre elles et moi et se chargea de ce soin. Je l'aurais volontiers jeté dans l'eau. Ils me demandèrent mon nom, pour m'appeler quand ils voudraient retourner sur la terre ferme. Je leur dis : Vous appellerez Louis.— Louis, répéta Arolise. Et je ne pourrais te dire quel charme j'éprouvai à entendre mon nom sortir de ses jolies lèvres roses.

» Ils revinrent quelques heures après. Arolise, en parlant à son cavalier, l'appela monsieur de Lieben. Ce n'est pas le nom de son mari ; est-il mort ? Est-ce un nouveau prétendant ? Je les vis partir avec une sensation douloureuse, une sorte de délabrement de cœur ; mais je le laisse à penser quelle fut ma joie lorsque, après son départ, je trouvai dans mon bateau un bracelet que j'avais remarqué à son bras.

» Le soir, je remis au père Leleu la recette du jour, et j'acceptai les trois francs qu'il me donna pour ma journée, qui lui avait rapporté trois fois autant. J'avais comme un instinct secret que je ne devais pas trahir mon incognito. Quelqu'un que j'ai passé, dis-je au père Leleu, a perdu un bijou dans mon bateau ; si on vient le demander, vous direz que, pour ne pas commettre d'erreur, je ne le rendrai qu'à la personne elle-même qui l'a perdu, parce que je suis bien sûr de la reconnaître.

» Ce que j'avais prévu est arrivé. Arolise est revenu ; tout m'a favorisé : elle est venue demeurer dans le village ; et souvent, le soir, elle vient avec sa parente dans l'île de Richard, et je leur fais faire une promenade en bateau. Deux ou trois fois mes réponses ont paru la surprendre ; ce n'est qu'hier que j'ai cru voir dans ses regards, dans ses manières, un peu d'intérêt pour moi.

» Eh bien ! c'est cette découverte qui, en ce moment, me rend le plus malheureux des hommes. Quelques phrases de madame de Liriau, qui m'ont été rapportées par le père Leleu, m'ont fait penser que peut-être un hasard lui a appris que j'étais ; ce ne serait donc pas à moi-même que s'adresseraient ces signes de bienveillance que j'ai cru voir pour moi, ce serait donc à ma position, et... c'est un soupçon affreux. J'aimerais mieux la trouver indifférente qu'avide et intéressée ; on aime mieux voir son dieu ennemi que de n'avoir pas de Dieu. J'ai résolu de m'éclairer là-dessus ; j'ai fait venir Dubois, je lui ai assigné un rôle : c'est lui qui sera riche et s'appellera monsieur de Wierstein ; moi, je resterai le pêcheur Louis ; il fera la cour à madame de Liriau. Si mes soupçons sont faux, j'aurai tout le reste de ma vie pour les expier à force d'amour et de dévouement ; mais, si c'est un avertissement que le ciel m'a envoyé, vois-tu, Frédéric, je m'en irai, j'irai je ne sais où, mais loin et vite ; car il faudrait être bien lâche pour se contenter de la posséder sans être aimé d'elle. En ce moment, il me semble que je ne le serai pas, que je ne le voudrais pas : mais c'est égal, je m'en irai bien loin et bien vite.

                                        » LOUIS DE WIERSTEIN.

XXVIII.

— Eh bien! dit le lendemain Arthur du Bois à Louis de Wierstein, trouves-tu que j'ai joué convenablement mon rôle?

— Non, répondit Louis : tu fais de monsieur de Wierstein le fat le plus insolent qu'il soit possible d'imaginer.

— Ah! voilà bien les gens! on veut faire une épreuve, mais à la condition que la belle en sortira blanche comme neige. J'aurais dû, pour te contenter, faire en sorte que madame de Liriau dît du premier coup : « Mon Dieu! que ce monsieur de Wierstein est donc bête et insupportable! vraiment, ce devrait être le batelier qui fût le seigneur, et le seigneur ne ferait qu'un mauvais batelier. » Mais parce que je te crois de bonne foi, parce que j'obéis à tes instructions, parce que je suis aimable et un peu pressant, parce que ta belle semble faiblir dès le commencement de l'épreuve, tu es furieux contre moi. Tu ressembles au héros de Cervantes, qui, ayant reconstruit pour la troisième fois la visière de son casque, aime mieux penser *qu'elle doit* être solide que de la frapper une troisième fois du tranchant de sa terrible épée.

LOUIS. — Est-ce que sérieusement Arolise t'aurait déjà donné quelque espoir?

DU BOIS. — Oui.

LOUIS. — Mais qu'appelles-tu de l'espoir? Je t'ai vu prendre pour des *avances* le hasard qui faisait qu'une femme passait dans la même rue que toi.

DU BOIS. — Qu'appelles-tu toi-même de l'espoir? Exiges-tu qu'elle m'ait fait une déclaration d'amour, ou qu'elle m'ait dit de me trouver sous sa fenêtre avec une échelle de soie, ou qu'elle m'ait donné la clef de sa chambre? Je t'avoue qu'il n'y a rien de tout cela. Mais, vois-tu, faisons comme don Quichotte, ne poussons pas l'épreuve plus loin.

LOUIS. — Sérieusement, que s'est-il passé?

DU BOIS. — C'est une chose que l'on sent et qu'on ne peut exprimer; mais enfin, je suis persuadé que, si j'envoie un bouquet, il sera accepté avec plaisir; que si je me présente dans la journée, je serai reçu avec toutes les grâces possibles; que je trouverai mon bouquet honorablement placé et délicatement soigné, que sais-je? Cependant restons-en là. Après tout, que me reviendra-t-il de cette plaisanterie? Si je m'éprends de la veuve, si je réussis à la rendre sensible, tu arriveras au plus beau moment, et, comme dans les *Précieuses* de Molière, tu me reprendras ton nom, ton habit, et, qui plus est, ta fortune.

LOUIS. — Non; tu te rappelles ce que je t'ai promis : si Arolise sort victorieuse de l'épreuve, tu épouseras la parente, cette jolie Mélanie qui est avec elle, et que madame de Liriau dotera.

DU BOIS. — Et si Arolise succombe?

LOUIS. — Eh bien! tu épouseras Arolise.

DU BOIS. — Oh! oh!

LOUIS. — Je t'en donne ma parole d'honneur.

LOUIS. — Alors, c'est bien; tu es de bonne foi, et tu veux savoir à quoi t'en tenir.

LOUIS. — Oui, Arolise a paru faire quelque attention au batelier Louis : seulement, si c'est parce qu'elle soupçonnait dans le batelier le riche monsieur de Wierstein, si, du moment qu'elle croit que je ne suis réellement qu'un batelier, et que tu es monsieur de Wierstein, elle fait passer sur toi toute la bienveillance qu'elle m'avait un instant montrée, je ne veux plus d'Arolise, et, pour me venger d'elle, je te la fais épouser.

DU BOIS. — Le compliment est joli... et alors tu prendrais a parente?

LOUIS. — Non; je renoncerai aux femmes pour toute ma vie.

DU BOIS. — N'y avais-tu pas renoncé déjà une fois *pour toute* ta vie?

Louis ne répondit pas.

— Mais, ajouta du Bois, comment me feras-tu épouser madame de Liriau? Si, comme tu le supposes peu obligeamment, la raison qui lui inspire quelque bienveillance pour moi est l'erreur qui lui fait croire que ton nom et ta fortune m'appartiennent, il viendra bien un moment où il faudra me dépouiller de ce prestige, et alors...

LOUIS. — Je me charge de cela; tu me laisseras faire, et madame de Liriau sera à toi avec sa fortune.

DU BOIS. — Pourvu toutefois que monsieur de Lieben ne me voie pas; il me connaît parfaitement, et il dévoilerait tout.

LOUIS. — Sois tranquille, en attendant fais ta visite aujourd'hui; prends ma voiture et mes chevaux gris, va voir ces dames vers quatre heures de l'après-midi.

Une heure avant la visite de du Bois, Arolise reçut une lettre de Louis. Louis, jouant toujours le rôle du pêcheur, lui parlait avec le plus profond respect. Jamais il n'oserait concevoir la possibilité d'un retour de la part de madame de Liriau; mais il lui demandait la permission de l'admirer comme il admirait la lune au ciel, de l'aimer comme il aimait les parfums du soir. Il ne demandait rien, et il se donnait tout entier.

Arolise fut embarrassée de cette lettre; elle la montra à Mélanie. Mélanie ne put s'empêcher de remarquer avec quelle délicatesse Louis ne parlait pas des encouragemens qu'elle lui avait donnés Arolise, de ses regards auxquels elle avait laissé tout promettre.

— J'ai été dupe, dit Arolise, d'un quiproquo ridicule; certains détails que tu as remarqués comme moi, une sorte de distinction naturelle que possède ce garçon, et, plus que tout, les confidences de monsieur de Lieben, qui a la manie de faire le *bien informé*, tout m'avait persuadé que le pêcheur Louis n'était autre que monsieur de Wierstein, et... tu as raison... Je l'avoue, j'ai été un peu coquette. Nous n'avons pas tardé à être désabusées, et maintenant je ne sais plus comment me tirer de mon imprudence; il faut croire que je l'ai encouragé plus même que je n'en avais l'intention quand je le croyais M. de Wierstein, puisqu'il a osé m'écrire.

— Que ferez-vous donc, ma tante?

— Je ne sais... Cependant je ne puis demeurer plus longtemps dans cette fausse position.

Arolise fut quelque temps pensive, puis elle dit :

— Il n'y a qu'un parti à prendre. Demain nous retournerons à la ville.

MÉLANIE. — Et Louis?

AROLISE. — Louis!... je vais lui envoyer une dizaine de napoléons dans une bourse; ce sera une bonne fortune qui lui fera vite oublier celle à laquelle il a cru pouvoir prétendre.

MÉLANIE. — Mais monsieur de Wierstein, ma tante?

AROLISE. — Pour celui-là, je puis te le dire, je le crois amoureux de moi.

MÉLANIE. — Je le crois aussi; mais qu'en ferez-vous?

AROLISE. — Je n'aurais aucun éloignement pour épouser madame de Wierstein et devenir la maîtresse d'une immense fortune.

MÉLANIE. — N'êtes-vous donc pas assez riche, ma tante?

AROLISE. — Tu ne t'en trouveras pas plus mal non plus, et ta dot s'en ressentira. Monsieur de Lieben...

MÉLANIE. — Vous savez bien, ma tante, que celui-là aussi est amoureux de vous.

On annonça monsieur de Wierstein.

Du Bois fut ce qu'il avait été la nuit précédente : il parla de sa loge aux Italiens, de ses chevaux, de ses gens. Arolise le trouva spirituel; elle lui annonça qu'elle retournait à la ville dès le lendemain, que ce déplacement était nécessité par la santé de sa parente, qui ne s'accommodait pas du séjour de la campagne. Mélanie, malgré l'habitude qu'elle avait prise depuis longtemps de voir ainsi sa tante abuser d'elle, fut un peu étonnée de l'intervention de *sa santé*, qui était excellente. Du Bois admira beaucoup le dévoûment d'Arolise; il offrit de reconduire ces dames à la ville. Madame de Liriau se fit un peu prier et accepta.

Lorsque du Bois fût parti, Mélanie reparla du batelier, et dit à sa tante : A votre place, je n'oserais pas lui donner de l'argent.

— Et que veux-tu que je lui donne?

— Ah! s'il n'était pas batelier.... dit Mélanie en soupirant.

Après dîner, elle sortit, descendit au jardin; puis songeant qu'elle partait le lendemain, qu'elle ne reverrait peut-être jamais les lieux qui avaient pour elle un charme dont elle n'osait pas même se demander la raison, elle alla se promener sur le bord de la rivière en se donnant pour prétexte qu'elle voulait laisser un souvenir à l'enfant que Louis avait retiré de l'eau.

Le soleil se couchait; il n'avait pas les somptueuses teintes de pourpre dont il colore souvent les nuages; le ciel était pur, et à la place que venait de quitter le soleil, il était d'une couleur de feu jaune. Cette teinte était reflétée par l'eau que ridait un vent léger. Naturellement le creux des rides était bleu, l'élévation était jaune, ce qui faisait l'effet de ces étoffes changeantes tramées de deux couleurs que portaient nos grand'mères; c'était un calme profond. De loin, elle reconnut le bateau de Louis; il vint au-devant d'un domestique par lequel Arolise lui envoyait son présent dans un paquet cacheté. Il attendit que le domestique fût parti pour ouvrir le paquet, puis il déchira rapidement les cachets. Il n'y avait pas de lettre, pas un mot, mais quelques napoléons. Mélanie était trop loin pour distinguer la colère et le dédain de son visage; mais ce qu'elle put voir, c'est qu'après un moment d'abattement, il se mit, comme par distraction, à faire des ricochets sur l'eau avec les pièces d'or d'Arolise.

Comme il s'en allait au cours de l'eau, elle ne put se décider à le perdre de vue sans lui dire adieu; elle cria : — Bonsoir, Louis. — Louis la salua sans rien dire et sans s'arrêter, et ne tarda pas à disparaître derrière les saules.

Mélanie alla voir l'enfant, lui fit quelques cadeaux, dit à la mère qu'elle viendrait les visiter quelquefois; mais lorsqu'elle embrassa l'enfant, elle laissa tomber deux grosses larmes sur ses cheveux.

XXIX.

Quand on fut retourné à la ville, du Bois continua à se montrer fort assidu. Il parla de mariage; on ne fit que quelques objections faciles à lever, puis on consentit.

Monsieur de Lieben reparut. Il ne tarda pas à s'apercevoir de la mort de ses espérances; il ne sut pas se résigner de bonne grâce, et s'avisa d'être gênant et importun. S'il arrivait chez Arolise avant du Bois ou pendant qu'il y était, rien ne le décidait à lever le siége que du Bois ne sortît. Il se rabattit cependant sur Mélanie, mais il fut fort mal reçu. Sa position dans la maison était devenue ridicule, mais il ne pouvait prendre sur lui de disparaître.

Pour Mélanie, elle pensait à Louis; elle flottait incertaine entre l'amour et le préjugé; puis, quand l'amour l'emportait, elle se disait : — Mais il est amoureux d'Arolise et n'a jamais fait attention à moi.

Puis elle pensait que sa position et celle de Louis lui permettaient de faire des avances, à peu près comme une princesse fait inviter un homme à danser. Elle songeait que Louis, aimé d'elle, se consolerait bien vite des dédains de sa tante, dont les agaceries assez peu modérées étaient peut-être la seule cause de l'amour du pêcheur.

Du Bois ne tarda pas à avertir Louis qu'il était temps de brusquer un peu le dénoûment. Il n'osait presser Arolise de *hâter son bonheur* sans se faire présenter officiellement à sa famille et à ses amis comme monsieur de Wierstein, et cela dépassait par trop les limites d'une plaisanterie déjà fort prolongée.

— Il y a, dit du Bois à Arolise, une prière que je veux vous adresser et une confidence que je veux vous faire mais il faut que ce soit aux lieux où je vous ai vue pour la première fois.

— Quoi ! dans votre île ?

— Dans mon île.

— C'est une folie, répondit Arolise, qui songeait à l'embarras que lui causerait la rencontre de Louis.

— C'est fort sérieux, reprit du Bois, et voici mon projet : il faut que vous me présentiez enfin à vos parens et à vos amis, et je tiens beaucoup à ce que soit là-bas. Invitez-les donc à une fête que vous y commanderez vous-même ; tout doit être fait en votre nom. Là vous me donnerez, devant eux, l'assurance de mon bonheur.

Arolise fit quelques objections, mais elles n'étaient pas difficiles à résoudre.

— Pour quand sera cette fête? dit-elle.

— Pour après-demain.

— Mais les préparatifs ?

— Je m'en charge.

— Et les invitations ?

— Je les écrire ; je les écris.

— Quel homme pressant !

— Et pressé.

— Qui inviterai-je ?

— Qui vous voudrez. Voici déjà trois lettres d'écrites.

— Que me faites-vous dire ?

— Voilà :

« M...

« Je compte que vous me ferez le plaisir de passer la journée avec moi après-demain. Nous dînerons, nous danserons, nous souperons, et je vous apprendrai alors, à vous et à quelques amis, une détermination qui décidera de mon bonheur et de mon avenir. »

— Singulière invitation. Et l'adresse.

— Ici, chez vous. Plusieurs voitures seront à votre porte ; vous les inviterez à monter dedans, et on les mènera là-bas sans rien dire.

— C'est bien fou ; mais ce serait joli et amusant, si cela ne se mêlait à des choses aussi sérieuses.

— Voulez-vous me dicter les adresses ?

— Écrivez.

Arolise dicta une douzaine d'adresses que du Bois écrivit fidèlement jusqu'au moment où elle dit :

« M. le baron de Lieben, place Royale, n° 3. »

On se rappelle que du Bois avait ses raisons pour ne pas rencontrer le baron. Il fit une légère grimace ; mais se remettant bientôt, il écrivit, à la place du nom qu'on lui dictait, le premier nom qui lui vint à l'esprit, et mêla cette lettre aux autres.

— Et vous, dit Arolise, n'invitez-vous pas quelques amis ?

— Certainement, en première ligne Arthur du Bois.

— Qu'est-ce que c'est que ça ?

— Ça ?... c'est un de nos jeunes gens à la mode, un garçon auquel on trouve généralement de la figure et de l'esprit.

— Ah ! un vilain nom.

— Ce n'est pas ce que vous croyez ; cela ne s'écrit pas

Dubois d'un seul mot comme les valets de comédie ; ce nom vient d'une propriété, d'un bois, d'un bois immense qui a appartenu, dit-on, à sa famille, et s'écrit en deux mots, du Bois.

— Au reste, cela m'est égal.

Il écrivit encore quelques adresses. Arolise sonna, un domestique prit les lettres, et du Bois ordonna de les mettre à la poste.

— Mais, dit Arolise, ne serait-il pas plus convenable de les faire porter ?

— C'est vrai, mais ce serait moins sûr. Portez-les à la poste.

Arolise avait envie d'attendre ses invités et de les conduire à l'île, comme on en était convenu ; mais du Bois insista si longtemps, qu'elle finit par céder au désir qu'il manifestait qu'elle vînt jeter un coup d'œil sur les préparatifs. — Ce ne sera pas long, disait-il, et vous pourrez revenir ici avant leur arrivée.

Le jour désigné pour la fête, vers une heure de l'après-midi, du Bois emmena Arolise et Mélanie. Les invitations n'étaient que pour quatre heures. Les chevaux gris feraient la route facilement en une heure. Il ne fallait pas une heure certainement pour qu'Arolise vît si tout était arrangé à sa fantaisie ; on pouvait avoir oublié bien des choses, on avait eu si peu de temps.

On part, on arrive. Deux bateaux sont sur la rive ; mais dans aucun des deux hommes qui les mènent, on ne reconnaît Louis. Arolise respire plus librement ; elle avait peur de ses regards. Mélanie se sentait également soulagée, car elle avait pris une grande résolution, et elle se trouvait presque heureuse de ne pas pouvoir l'exécuter, tant elle était tremblante. Elle avait écrit à Louis, et elle s'était, après mille incertitudes, juré à elle-même qu'elle lui remettrait la lettre. On entre dans l'île : la décoration est parfaitement entendue ; mais le repas, tout splendide qu'il est, est mal arrangé. Il y a aussi quelque chose à refaire à la salle de verdure où on doit danser. Du Bois l'espérait bien.

— Allons, vous voyez, dit-il, que j'ai bien fait de vous amener.

— Mais je ne pourrai rien changer, il faut que nous partions.

— Non, restez. Mademoiselle Mélanie prendra ma voiture et amènera votre monde, que vous recevrez ici.

— Heureusement que je suis habillée.

Mélanie ne demande pas mieux ; elle irait au bout du monde, pourvu qu'elle puisse retraverser la rivière et retrouver une chance de voir Louis. Son courage lui est revenu avec les obstacles.

Arolise et du Bois la conduisent au bateau. Point de Louis. Elle monte dans la voiture ; mais, au moment de donner les ordres que demande le laquais, elle songe qu'il est de bonne heure, qu'elle a le temps d'aller voir l'enfant sauvé par Louis. Peut-être le rencontrera-t-elle ; puis la mère lui parlera de Louis, et... si elle l'osait... Pourquoi pas ? il n'y a rien de si simple. Elle peut prier cette femme de remettre la lettre au pêcheur.

La mère et l'enfant la reçoivent avec joie. Naturellement on vient à parler du pêcheur. — Ma bonne, dit Mélanie en tremblant, vous le voyez souvent ; faites-moi le plaisir de lui donner cette lettre : c'est une commission que... quelqu'un... m'a donnée pour lui.

— Très volontiers, ma chère demoiselle.

Elle prend la lettre et la met sur le dressoir en bois où elle place sa vaisselle.

— Si vous restiez un peu, vous le verriez sans doute, car je l'ai aperçu de loin ce matin sur la rivière, et il ne tardera pas à repasser devant nous.

— Non, ce serait impossible ; je n'ai pas le temps, je suis déjà en retard.

— Attendez au moins que j'aille vous chercher un bouquet dans le jardin derrière la maison.

Mélanie, sur le seuil de la maison, jette les yeux du côté de la rivière, et voit aborder Louis dans son bateau ; elle

se retire un peu en arrière. Mais quel est son étonnement, lorsque sur un signe de Louis, le laquais qui attend Mélanie auprès de la voiture court vers le pêcheur, et, droit, le chapeau à la main, a l'air de recevoir ses ordres ! Puis il revient et dit à demi-voix au cocher : Monsiour de Wierstein voulait savoir ce que nous faisions là.

— Monsieur de Wierstein ! dit-elle. Elle saisit rapidement sa lettre laissée sur le dressoir et la cache dans son sein. Quelques instans après, Louis entre dans la maison avec la mère de l'enfant ; il salue Mélanie, lui parle de sa tante avec regret. Mélanie écoute à peine, elle est préoccupée, troublée ; elle cherche à deviner le mystère dont le hasard lui a appris la moitié. Elle répond machinalement : Pauvre monsieur Louis !

— Oh ! oui, dit Louis, elle m'a rendu bien malheureux !

Comme il l'aime encore ! pensa Mélanie ; quel bonheur que j'aie repris ma lettre ! Mais que se passe-t-il dans l'île ? et qu'est-ce que tout cela veut dire ?

— Ah ! mademoiselle, dit la bonne femme, vous pouvez donner maintenant à monsieur Louis la lettre que vous m'aviez laissée pour lui.

Mélanie voit sur le visage du pêcheur plus d'étonnement que de joie. Elle serre sa lettre contre son sein pour s'assurer qu'elle est là.

— Mais où est donc la lettre ? Je l'avais mise sur le buffet.

— Cela ne fait rien, ma bonne ; il n'y avait dans la lettre qu'un mot que je vais recrire, si vous voulez avoir l'obligeance de me donner du papier et une plume.

Mélanie écrit quelques mots à la hâte et d'un mouvement presque convulsif. Une idée subite lui a passé par la tête. Elle cachette sa lettre avec soin. La bonne femme n'a pas de cire ; mais Mélanie cause de choses indifférentes jusqu'à ce que le pain à cacheter soit bien sec, puis elle dit :

— Monsieur Louis, voici la lettre que j'avais laissée pour vous, et que, ne pensant pas vous rencontrer, j'avais remise ici pour qu'on vous priât, de ma part, de la porter le plus tôt possible à ma tante, madame de Liriau, qui est en ce moment dans l'île avec monsieur de Wierstein.

En prononçant ce dernier mot, Mélanie, qui regarde attentivement la physionomie du pêcheur, y voit passer un imperceptible sourire. — Elle dit adieu à la bonne femme et embrasse l'enfant ; elle a le cœur gros et voudrait être partie pour laisser couler les pleurs qui l'étouffent. Elle a découvert que Louis est monsieur de Wierstein, et qu'il aime toujours Arolise. — Elle remonte en voiture. Louis lui donne la main avec sa bonne grâce ordinaire, mais qui maintenant ne l'étonne plus. La voiture part au grand trot.

Louis retourne la lettre dans tous les sens : — Qu'écrit-elle à sa tante ? — Mais il pense qu'il n'y est pour rien, puisque la lettre était faite avant son arrivée et à un moment où Mélanie ne croyait même pas le voir. Il reprend son bateau et se dirige vers l'île, en rêvant à Arolise, car du Bois aimait Arolise ; plus d'une fois Louis a regretté l'épreuve, plus d'une fois il s'est dit : Arolise m'aimerait tel que je suis réellement, c'est-à-dire avec mon nom, avec ma figure, avec mon esprit. Ce que je veux seulement qu'elle aime, ce n'est pas plus moi que si je changeais mon visage, que si je supprimais ce que je puis avoir d'esprit. Pourquoi me suis-je avisé de me montrer sous un jour désavantageux pour plaire à une femme ? et moi-même, la position d'Arolise dans le monde, sa fortune, son éducation, tout cela n'est-il absolument pour rien dans l'amour qu'elle m'inspire ? J'ai fait une sottise ; elle aime le luxe et un beau nom ; au lieu de m'en irriter bêtement, n'aurais-je pas dû au contraire me trouver heureux de pouvoir lui offrir ce qu'elle aime ? N'ai-je pas agi comme un homme qui, apprenant que la femme qu'il aime préfère les cheveux blonds, irait immédiatement se les faire teindre en noir ? Mais, ajoutait-il tristement, je ne puis revenir sur ce que j'ai fait ; elle épousera Dubois, et je serai vengé.

— Vengé ! belle vengeance ! quand je grince les dents à la

seule pensée qu'elle sera à lui. Ah ! c'est elle qui sera ven-gée de moi et de mes folies !

Le paradoxe qu'avait trouvé Louis de Wierstein pour excuser Arolise était absurde, car le choix qu'avait fait Arolise de du Bois, qu'elle croyait monsieur de Wierstein, prouvait non pas qu'elle aimât Louis avec son nom et sa fortune, mais tout simplement qu'elle n'aimait que le nom et la fortune. Mais quel est l'homme d'esprit et de juge-ment qui, en pareille circonstance, n'ait quelquefois aussi mal raisonné? Louis est triste, malheureux, perplexe; par momens il a envie d'étrangler du Bois, il le déteste, il le trouve sot, fat, triomphant; puis il voudrait, s'il en était encore temps, lui dire : — Va-t'en, je te donnerai une mai-son, je te donnerai ce que tu voudras; j'aime Arolise : je suis bête, je suis fou, mais je l'aime et je ne veux pas la donner à un autre. — Mais il voit le sourire de du Bois, qui lui dirait : — Je le savais bien. — Et puis, comment ex-pliquer ce qui s'est passé? Arolise lui pardonnerait-elle d'avoir été ainsi jouée? D'ailleurs, il la hait, il faut qu'elle soit punie, qu'elle épouse du Bois, qu'elle soit malheureuse, qu'elle porte un nom ridicule; les choses sont trop avan-cées, il n'y a plus moyen de reculer.

Par momens il espère vaguement que leur plan ne réus-sira pas, qu'elle s'indignera contre du Bois, mais alors elle s'indignera aussi, et au moins autant, contre Louis. Mal-heureusement le plan n'est que trop bien fait, elle est tom-bée dans le piège, elle est dans l'île; dans une heure, les invités vont arriver, ils savent par sa lettre que c'est pour leur présenter son mari. L'orgueil d'Arolise pourra-t-il ja-mais se résigner à leur diré qu'elle a été jouée, qu'elle épou-sait du Bois parce qu'elle lui croyait un beau nom et de la fortune, et que ce n'était que pour cela qu'elle l'épousait? Elle est prise. Et il pensait au mariage, il pensait à Arolise dans les bras de cet imbécile du Bois, et il frémissait d'in-dignation. Jamais il ne se l'était représentée si belle. Il se rappelle la lettre de Mélanie, il va la porter, la remettre lui-même; il veut revoir Arolise, il saura quel effet sa pré-sence produit sur elle.

Et il reprend son paradoxe : — Peut-être m'aimait-elle ; mais pouvait-elle épouser un misérable batelier? Quelle est la femme du monde qui l'aurait fait? — Et si elle épouse du Bois... — Devait-elle rester veuve toute sa vie, parce qu'elle avait rencontré un pauvre diable qui ne lui déplaisait pas, mais dont la condition ne lui permettait pas de penser à lui sans honte? Décidément c'est lui qui a tort, c'est lui qui est fou et criminel. — Et sa vanité ne lui permet pas d'aller tout dire à du Bois. Et il va perdre Aro-lise, elle sera à du Bois. A cette pensée, sa haine se rani-me : — Oui, elle sera à lui, et je l'accablerai de sarcasmes et de mépris.

Cependant il va porter la lettre; il veut la revoir, il veut qu'elle le voie; il donne quelques coups d'aviron, puis s'ar-rête et se laisse aller à ses rêveries. Le temps se passe : trois ou quatre fois il se rapproche de l'île sans continuer son chemin ; mais il entend rouler des voitures, une s'ar-rête au bord de la rivière, en face de l'île, les autres la sui-vent. Les bateliers traversent pour aller prendre les per-sonnes qui en descendent. Voici le grand coup qui va se jouer. Louis sent une sueur froide sur tout son corps; il fait force de rames, il veut arriver avant eux, il veut enten-dre la révélation qu'il faut enfin que du Bois fasse à mada-me de Liriau, pour qu'elle le présente à ses parens et à ses amis sous son véritable nom.

Pendant ce temps, un domestique est venu annoncer à du Bois, qui est assis avec Arolise dans un petit kiosque, que *la société* arrive, qu'on voit une des voitures descendre le chemin qui conduit à la rivière.

Déjà, depuis une heure, du Bois prépare, non sans quel-que anxiété, son coup de théâtre. Il a juré mille fois à Aro-lise qu'il l'aimait pour elle-même, qu'il l'aimerait de même si, au lieu d'être une femme du monde et une femme élé-gante, elle était une *simple bergère*. Il demande à Arolise si, de son côté, elle l'aime pour lui-même ; à quoi Arolise ne peut faire autrement que de répondre oui.

Il fait l'éloge de la retraite, de la médiocrité : Arolise le laisse parler et regarde négligemment à travers les vitraux du kiosque. Après ce qu'a annoncé le domestique, du Bois voit qu'il n'y a plus à hésiter. Il demande à Arolise si elle pardonnerait une tromperie qu'il lui avait faite, entraîné par la passion invincible qu'elle lui avait inspiré; mais il s'aperçoit qu'elle ne l'écoute pas, qu'elle est troublée; elle a vu Louis qui rôdait dans l'île, elle craint qu'il ne vienne dans le kiosque.

— Monsieur de Wierstein, dit-elle à du Bois, voici un batelier qui vous cherche sans doute; ne le laissez pas ve-nir jusqu'ici.

Du Bois regarde; il ne veut pas non plus que Louis par-vienne jusqu'à Arolise. Il sort du kiosque. Il parle bas, lui montre la lettre de Mélanie, en disant : — Il faut que je la lui remette, je l'ai promis à la nièce.

— Non, répond du Bois, je vais la lui donner; c'est elle qui m'a dit de ne pas te laisser entrer dans le kiosque.

Il quitte Louis, retourne près de madame de Liriau, et lui dit : Voici un mot que votre nièce a chargé un batelier de vous remettre.

— Monsieur de Wierstein, dit Arolise, dites à ce batelier de ne pas s'éloigner; je ne veux pas qu'on nous trouve ainsi seuls encore.

Il ressort, et dit à Louis : — Cela va bien; j'allais lâcher le grand mot quand tu es arrivé. Cela n'ira pas si mal que je le craignais. Elle est déjà bien préparée. Né t'éloigne pas; elle ne veut pas qu'on la trouve seule avec moi.

Du Bois rentre et retrouve Arolise pâle et tremblante. Il lui demande et retrouve a. Elle répond qu'elle n'a rien, ainsi que répond toute femme à pareille question. On en-tend des voix et des pas. Du Bois se jette aux genoux d'A-rolise et lui dit : Pardonnez à ma passion, qui m'a fait vous tromper; je ne m'appelle pas de Wierstein, mais du Bois. Je vous adore; je passerai toute ma vie à me faire pardon-ner une innocente supercherie qui ne prouve que l'ardeur de ma passion pour vous.

— Ah! monsieur, dit Arolise, c'est une horrible trahison, une épouvantable lâcheté !

— Voilà vos amis, allons au-devant d'eux; nous ne pou-vons attendre plus longtemps. Vous m'aimez : que vous importe que mon nom commence par une lettre ou par une autre? D'ailleurs, comment reculer maintenant? Pen-sez à l'effet que produirait un changement de détermination devant tout ce monde.

Arolise est toujours pâle; mais il y a dans ses yeux de la fièvre et de l'assurance. — Eh bien ! monsieur, dit-elle, al-lons au-devant d'eux.

Ils sortent du kiosque; Louis les attend à la porte. Il est aussi pâle qu'Arolise, car du Bois lui fait signe que *cela va bien*. A ce moment, Mélanie et une douzaine de personnes conduites par un domestique débouchent d'une allée som-bre. Arolise a quitté brusquement le bras de du Bois. Elle fait quelques pas au-devant des nouveaux venus et leur dit : — Permettez-moi d'abord de vous présenter un homme qui sera bientôt votre parent, et, j'espère, votre ami, mon futur mari, monsieur Louis de Wierstein. — Elle se retour-ne, saisit la main de Louis, qui reste comme frappé de la foudre, et le présente aux arrivans. J'ai dit que Louis était comme frappé de la foudre, il ne me reste pas de compa-raison pour du Bois; mais, si je ne sais de quoi le dire frappé, je puis dire qu'il était néanmoins fort accablé.

On s'empresse autour d'Arolise; car, épuisée d'émotions, elle tombe sans connaissance dans les bras de Mélanie. Elle ne tarde pas à reprendre ses sens; les uns attribuent l'acci-dent à la chaleur; Mélanie s'empresse de dire que sa tante n'a pas encore mangé de la journée : alors *on ne s'étonne plus*. Du Bois disparaît à la attendre Wierstein dans un endroit où il le fait demander par un domestique. Il est furieux, il se croit joué par Louis. Louis lui affirme sur l'honneur son extrême innocence.

— Si tu ne m'as pas joué, dit du Bois, c'est que nous som-mes joués tous les deux.

— Tais-toi, dit Wierstein, tais-toi, ne me réveille pas ; je suis le plus heureux des hommes.

— Pauvre garçon ! dit du Bois.

— Tu épouseras Mélanie.

— Moi ? jamais ! Je ne veux pas revoir Arolise, je vais voyager.

— Je te prête 20,000 francs pour ton voyage.

Pendant ce temps, Arolise, un instant seule avec Mélanie, lui disait :

— Ah ! ma chère enfant, tu m'as sauvée ; car je serais morte de honte et de désespoir si j'étais tombée dans cet horrible piége.

— Mais que pensera monsieur de Wierstein ? demanda Mélanie.

— Monsieur de Wierstein ! il s'occupe plus que moi de trouver à ma conduite des excuses et des explications. Mais déchirons ta lettre, ta chère lettre ; car si jamais quelqu'un la trouvait, tout serait perdu.

Et Arolise déchira le billet de Mélanie, où il n'y avait que ces mots ;

« Chère tante, prenez garde à vous, on vous trompe ; il se passe quelque chose d'horrible que je ne puis deviner. L'homme qui est avec vous n'est pas de monsieur de Wierstein. Monsieur de Wierstein est le pêcheur Louis, je viens d'en acquérir la certitude, et il vous adore.

» MÉLANIE. »

Les morceaux de la lettre furent ramassés par Mélanie, qui alla les brûler.

Le soir Arolise dit à Louis :

— Comme je suis bonne, Louis, et comme il faut que je vous aime pour vous avoir pardonné l'affreux jeu que vous avez joué avec moi !

Louis lui baisa la main.

— Mais, dit-elle, est-ce que vous avez cru me tromper un moment ?

— Mais, dit Louis, qu'était-ce que la lettre de Mélanie ?

— Du papier blanc. Il fallait bien un prétexte pour que vous fussiez auprès de moi au moment nécessaire.

— Ah ! la petite nièce aussi m'a trompé.

— Vous le méritiez bien.

— Quand je pense que j'ai mis tant de temps à apporter cette lettre ! Et si je n'étais pas arrivé à temps ?

— J'avais un autre moyen. Mais, à propos, je vous demanderai une complaisance, Louis.

— Ordonnez.

— Je ne veux plus voir monsieur du Bois ; le rôle qu'il a joué dans tout ceci est bas et odieux.

— Il part cette nuit, pour un voyage.

Mélanie pleura toute la nuit. Par momens, elle se reprochait d'avoir trompé Louis : mais il était si heureux !

C'était une partie de son bonheur à elle.

L'âme de feu Bressier s'envola, elle avait horreur d'Arolise,

XXX.

L'âme de feu Bressier était un peu découragée ; elle resta quelques jours sans faire de nouvelles épreuves, s'enfonçant dans le nectaire des fleurs avec les abeilles, se baignant dans les gouttes de rosée que le matin suspend à la pointe des brins d'herbe, comme des diamans, des opales, des rubis, des émeraudes, que boivent les premiers rayons du soleil.

Tantôt, avec la cétoine verte, elle dormait dans les roses blanches ; tantôt, avec le criocère écarlate, elle se cachait dans le calice d'argent des lis, ou elle s'enivrait de l'odeur des tubéreuses.

Au sein de cette nature où tout est né pour aimer, où les insectes se cherchent dans les fleurs qui se fécondent par des caresses embaumées, elle songeait tristement qu'elle n'avait encore pu trouver un homme et une femme s'ai-

mant également, qu'elle n'avait pu encore surprendre un baiser qui fût des deux côtés un baiser d'amour. Ainsi Mélanie aimait Louis qui aimait Arolise, et Arolise n'aimait qu'un nom et de l'argent.

Les femmes se servaient de l'amour pour acheter, comme avec une monnaie universelle, les grandeurs, la pompe, les plaisirs.

S'il se trouvait par hasard deux êtres capables de ressentir un amour réel, ils ne se rencontraient pas, ou se trouvaient dans la vie placés dos à dos ; chacun des deux se trouvait apparié avec un être d'une autre nature.

L'amour semble exister toujours entre deux personnes, non pas qui s'aiment également, mais l'une qui est aimée, à tel point que parfois il arrive que les deux changent de rôle, que l'amant, par exemple, aime avant la possession, et que la maîtresse aimé après.

Par momens l'âme de feu Bressier regrettait de ne pas être remontée au soleil en sortant de sa prison.

Un jour cependant, comme elle s'amusait au fond d'un grand cactus pourpre, à charger les pattes d'une abeille de la poussière d'or parfumée des étamines dont elle doit faire son miel, elle s'avisa de suivre l'insecte dans son vol capricieux.

Après être entrée dans quelques fleurs du jardin, l'abeille s'éleva tout à coup à une grande hauteur, et pénétra par la fenêtre dans une chambre pleine de fleurs rares dans de magnifiques vases du Japon. C'était la plus jolie chambre qu'on pût voir. Des étoffes de soie blanche tendues au plafond et sur les murailles en faisaient une tente attachée avec de grosses ganses d'or. Le parquet était couvert de peaux de tigre, la cheminée chargée de vases de la plus grande richesse ; sur un canapé du temps de Louis XV, en bois doré, avec des coussins en soie blanche, était à demi couchée une femme dont le costume trahissait un reste de deuil ; elle était d'une grande beauté.

Ses regards étaient pleins d'un feu humide, toute sa personne respirait la tristesse et l'amour ; mais ni l'un ni l'autre de ces sentimens n'étaient inspirés par celui dont on portait un deuil si coquet, ou plutôt contre le deuil duquel on combattait avec tant d'adresse. L'abeille fit quelques tours dans la chambre, se plongea et se roula dans les amaryllis des vases, puis s'échappa. Pour l'âme de feu Bressier, elle resta auprès de la belle veuve, se jouant dans ses cheveux et dans les dentelles de sa parure, et pensant que l'heureux mortel auquel elle songeait devait être bien fier de son amour et l'aimer de son côté de toutes les forces de son âme. Hélas ! elle se trompait encore une fois ; elle eut besoin de passer quelque temps auprès de madame Ernsberg pour s'en convaincre. Quelques lettres écrites par madame Ernsberg à une de ses amies nous mettront à même, de notre côté, de savoir la vérité sur ce point.

XXXI.

MADAME ERNSBERG A MADAME D'ACHEVILLE.

« Mon Dieu ! oui, ma chère amie, je veux bien vous dire mon secret, car il faut que j'en parle, il m'étouffe, et ce n'est qu'à vous que j'en puis parler.

» Vous ne vous êtes pas trompée sur ma préoccupation ; malgré le plaisir que vous me donnez vous me doutez pas que j'éprouve auprès de vous, je n'ai pu me distraire d'une seule pensée pendant les quelques jours que vous avez passés chez moi, et pendant ceux que vous m'avez emmenée passer à la campagne.

» J'aime ; je ne vous le nierai pas plus longtemps, et si j'ai si mal répondu aux questions que vous me faisiez, c'est un aveu que l'on aime mieux faire de loin qu'en face. D'ailleurs, il y a dans le sentiment qui s'est emparé de moi des circonstances assez étranges pour qu'il me soit assez embarrassant de vous les conter, vous étant auprès de moi avec vos grands yeux noirs si interrogatifs et votre bouche si moqueuse.

» Voici l'histoire, mais sans embellissement, quoique jamais peut-être histoire d'amour n'en eût autant besoin.

» La première fois que je l'ai rencontré, c'était dans la rue, sans savoir son nom, sans que rien dût me le faire remarquer, sans qu'il me remarquât surtout. Depuis, je le rencontrais de temps en temps, et, comme si je l'eusse connu, je me disais : Tiens, voilà ce monsieur !

» A peu près à cette époque, quelqu'un dut le présenter chez ma tante *** ; il ne vint pas. Je m'attendais à voir le visage d'un homme dont on m'avait beaucoup parlé, et dont la peinture a pour moi un charme particulier. J'étais ne peut plus contrariée.

» Un soir, au théâtre, quelqu'un me dit : — Fernand est auprès de moi. Je cherchai à le voir, mais il changea de place, cela me fut impossible.

» Une année se passa ainsi ; je conservais le désir de voir Fernand, dont je connaissais tous les tableaux, dont je recherchais les moindres dessins, remarquant toujours, quand je la rencontrais, la personne inconnue dont le regard indifférent exerçait sur moi une puissance inexprimable lorsque je passais à côté d'elle dans la rue.

» Du reste, je ne sais s'il alla chez ma tante *** ; j'étais brouillée avec elle pour des affaires de la succession de mon mari. Je n'avais plus d'occasions ni de chances pour rencontrer Fernand dans le monde, et je n'y songeai plus.

» Un jour, par une froide matinée de printemps, en ouvrant la fenêtre de l'appartement que j'habite avec ma mère depuis mon veuvage, je vis, se promenant dans le jardin qui dépend d'un autre logement, l'inconnu, qui, suivi d'un jardinier, paraissait lui donner des ordres et agir en maître. Je le reconnus tout de suite ; mais comme j'avais fait un peu de bruit en ouvrant la croisée, et que ses yeux se levaient, je rentrai dans le fond de l'appartement.

» Une femme de mes amies vint me voir, et, tout en causant, nous nous mîmes à la fenêtre.

» — A qui est ce jardin ? me dit-elle.

» — Hier, dis-je, il était à personne, mais je crois qu'aujourd'hui il est loué : on vient d'y mettre un jardinier.

» A ce moment, l'inconnu sortit d'un bouquet d'arbres, et mon amie me dit :

» — Est-ce là le nouveau locataire ?

» — Je le pense, répondis-je.

» — Eh quoi ! reprit-elle, est-ce que vous ne le connaissez pas ?

» — Non, vraiment.

» — Mais c'est le peintre Fernand.

» — Ah ! dis-je c'est singulier.

» Puis je m'aperçus que je disais une sottise. En effet, qu'y avait-il là de singulier ?

» Je ne me rappelle pas bien si j'avais affaire dehors ; toujours est-il que je ne tardai pas à m'habiller et à faire demander une voiture. En sortant, je dis à la portière ; — Est-ce que monsieur Fernand va demeurer ici ?

» — Oui, madame, dit-elle. Est-ce que madame le connaît ?

» En vérité, je ne sais pourquoi, mais je me sentis rougir.

» Je ne sais pourquoi !... Oh ! si vraiment, je le sais !... N'avons-nous pas en nous une sensation qui s'éveille à l'approche d'un événement important, d'un bonheur, et surtout d'un malheur ?

» Toute préoccupation cessa. Je le rencontrais sans que rien en moi s'en réjouît ; je passais longtemps sans le rencontrer, sans éprouver de chagrin.

» Un matin, ma mère reçut un billet. Fernand sollicitait d'elle la permission de lui demander quelques renseignemens sur une personne de sa connaissance, renseignemens qu'elle seule, disait-il, pouvait lui donner.

» Comment, moi qui n'ai jamais eu aucune coquetterie, pas même à ce degré qui est naturel aux femmes ; comment, pour le recevoir, ou plutôt pour le voir un moment, car il était probable que j'aurais à le laisser seul avec ma mère ; comment fis-je de ces frais que, de bonne foi, je ne me rappelle, en pareil cas, avoir faits pour personne ?

» J'aurais voulu être bien, avoir de l'esprit, et tout cela pour faire une belle révérence quand il entra, et me retirer. Il me demanda si je ne m'en allais qu'à cause de lui, et ajouta qu'il était heureux d'avoir à dire que ce qu'il avait à demander à ma mère n'avait rien de mystérieux. J'hésitai un moment ; mais ma mère me fit signe de rester.

» Ce qu'il demanda en effet n'exigeait pas de tête à tête, et quand il fut parti, je me sentis tout heureuse de penser que ce n'était peut-être qu'un prétexte pour s'introduire à la maison.

» De ce jour, des rapports généraux s'établirent entre nous ; quand nous nous rencontrions, où quand il me voyait à la fenêtre, nous échangions un salut. Il vint quelquefois à la maison, il prêtait des livres à ma mère et à moi, mais presque toujours il se contentait de les remettre à ma femme de chambre, sans demander à nous voir.

» Un jour, je parlai devant lui d'un livre qui venait de paraître et qu'on ne pouvait se procurer. Une heure après, il me l'envoya avec un billet dans lequel il me disait qu'ayant fait pour moi une chose impossible, il viendrait le lendemain chercher mes remercîmens.

» Son billet était aimable. Quand on me le remit, j'avais deux personnes avec moi ; je m'embarrassai de l'embarras qu'il me causait.

» Il ne s'agissait plus de ma mère ni d'un prétexte : c'était lui qui venait chez moi.

» Il me sembla que la manière dont j'avais paru désirer ce livre avait provoqué sa visite, et je m'effrayai tellement que, le lendemain, sous prétexte que je ne l'attendais plus, je sortis d'assez bonne heure encore. Puis en rentrant, lorsqu'on me dit qu'il était venu, je me sentis saisie d'un dépit violent contre moi-même.

» Il y a dans sa personne une gravité et une naïveté que je n'ai jamais trouvées réunies qu'en lui. Je ne saurais dire ce qu'il y a de bien dans sa figure ; mais ce qui est certain, c'est que, près de lui, les hommes réputés les plus beaux sont tout à coup effacés.

» Il y a dans son front élevé, dans sa bouche dédaigneuse, quelque chose de noble et d'imposant ; puis, dans d'autres instans, sa bouche, qui est pleine d'expression, devient presque caressante. Son sourire, en même temps jeune et mélancolique, charme et attire. Son rire est naïf comme celui d'un enfant. Son regard est calme et profond, mais il manque de douceur.

» Tout ce qui charme en lui est involontaire : c'est pour cela sans doute que c'est irrésistible.

» Sa parole accentuée est une harmonie ; je n'en ai jamais entendu de semblable. Jamais la voix d'un homme, sonore et majestueuse comme la sienne, ne m'est parvenue aussi douce et aussi mélodieuse ; sa parole est une musique et une séduction.

» Ses gestes sont rares, ses mouvemens peu bruyans. Ce qui domine chez lui, c'est un calmé et une puissance qui ne peuvent venir que du sentiment intérieur de sa force morale et de son insouciance de tout.

» S'il parle, ce qui lui arrive rarement, on s'aperçoit qu'insensiblement tout le monde se tait et l'écoute. S'il essaie quelques exercices d'adresse avec d'autres hommes, il les efface par une si grande facilité, qu'on ne voit aucun effort, mais une bonne grâce dont les autres n'approchent pas.

» Bientôt il vint de temps en temps, sans raison, sans prétexte, seulement pour nous voir. Quelquefois il nous offrait des billets de spectacle, mais jamais il ne nous offrait de nous y accompagner. Cependant j'accueillais avec empressement tout ce qui de sa part semblait un moyen de se rapprocher de moi.

» J'étais sous un charme puissant, mais sans m'en effrayer. Ce qui m'occupait n'avait pas, à mes yeux, l'importance d'un sentiment réel ; et si parfois je trouvais, au fond de mon admiration pour lui, des circonstances qui ressemblaient un peu à quelque chose de défendu, j'étais rassurée par cela même qu'il ne me témoignait rien, et j'avais toujours pensé qu'une femme telle que je crois être n'aimait pas la première. Aussi la pensée ne me vint-elle pas de me craindre moi-même ; tant que je n'avais pas à le craindre, lui, ma défiance ne s'éveillait pas.

» Mais bientôt je m'aperçus que, près de lui, j'éprouvais une émotion si violente, que je n'étais pas bien sûre de la lui cacher tout à fait ; cette émotion s'en augmentait d'autant plus, et je me troublais.

Quand il me quittait, je sentais comme un grand délabrement de cœur.

» Le temps de l'aveuglement ne tarda pas à se passer ; je commençai à avoir peur de moi-même et à voir que je l'aimais. Je passais, presque sans m'en apercevoir, des journées entières près de ma fenêtre, parce que de là je pouvais le voir sans en être remarquée.

» Un jour qu'il était chez moi, nous regardions son jardin : ma mère lui montra une rose qu'elle trouvait belle : j'en désignai une autre que je préférais ; il me dit : — C'est ma filleule ; le jardinier, qui l'a eue de graine, lui a donné mon nom.

» J'aurais voulu répondre quelque chose, n'importe quoi... tant je me sentais embarrassée de la pensée qui occupait mon esprit, et qui sans doute devait se laisser voir dans mon regard, et peut-être dans mon silence. Cela me fut impossible : j'avais les yeux attachés sur la fleur, et je me disais : — J'avais bien raison de l'aimer plus que les autres.

» Le lendemain, je le vis qui cueillait ses plus belles fleurs ; j'étais à la fenêtre avec ma mère : elle me dit en riant : — Tu serais contente, si c'était pour toi ?

» — Quelle idée ! dis-je ; pourquoi veux-tu que monsieur Fernand m'envoie des fleurs ?

» En même temps mon cœur battit, et je me sentis rougir comme si ma mère m'eût jugée et condamnée. Pauvre mère ! elle ne pensait que deux choses : c'est que j'aime les fleurs et que celles de Fernand sont fort belles.

» Puis il me vint un désir inconnu : ces fleurs, si elles étaient pour moi ! pensai-je ; et si elles ne sont pas pour moi elles sont pour une autre. Je suivais ma main, je me demandais dans une anxiété douloureuse s'il cueillerait la rose que j'avais remarquée, lorsque je la lui vis couper : c'était la seule qui fût sur le rosier ; il me sembla qu'il prenait quelque chose qui m'appartenait, quelque chose qu'il m'avait donné.

» Quelques minutes après, on me remit le bouquet. Il l'avait apporté lui-même. Je le pris comme un trésor, je le plaçai en aussi bon lieu et aussi grand honneur qu'il me fut possible. Jamais je n'avais reçu un présent qui me fût aussi cher, aussi précieux.

» Il m'en envoya quelques autres fois : mais un jour, je m'avisai de lui reprocher qu'il eût donné des fleurs à une jeune fille qui demeurait près de nous. Je voulais plaisanter, mais je mis dans mes reproches un sérieux involontaire... Je l'accusai presque de vouloir corrompre cette jeune fille.

» — Des fleurs ? me dit-il froidement ; bon Dieu ! j'en donne à tout le monde ; il n'y a rien d'aussi innocent que mes bouquets.

» De ce jour, il cessa de m'en envoyer ; peut-être aussi, de mon côté, n'y tins-je plus autant.

» Il me semblait qu'il avait voulu punir et abattre ma présomption. Aussi, pendant quelque temps, si je n'évitai pas tout à fait de le voir, toujours me trouvais-je embarrassée de sa présence. Je ne comprenais plus comment j'avais laissé échapper ces imprudentes paroles au sujet de ses fleurs. Depuis longtemps, du reste, je m'apercevais bien que devant lui ma présence d'esprit m'abandonnait entièrement, et que je n'étais rien, je ne disais rien de ce que je voulais être et de ce que je voulais dire.

» J'interprétais ses moindres actions, ses gestes les plus involontaires ; s'il arrivait que je le rencontrasse dans la rue, j'espérais qu'il m'avait épiée ; s'il fredonnait un air quelconque le soir dans son jardin, je cherchais un rapport entre les paroles de cet air et notre situation à lui et à moi ; s'il s'asseyait pour lire dans tel ou tel coin du jardin, je pensais qu'il n'avait choisi cette place que parce que de là il pouvait me voir ou être aperçu de moi.

» Je ne pensais pas que la veille il s'était placé ailleurs ; je ne cherchais pas si l'ombre et le soleil n'étaient pas les vraies causes de sa détermination, j'aimais trop à rapporter à moi tout ce qu'il faisait.

» Un jour je le vis arrêter ma femme de chambre dans la rue et lui parler quelques instans ; j'espérai et je craignis à la fois : s'informait-il de quelque chose qui pût lui servir à me rencontrer ? la chargeait-il d'une lettre ? Le sentiment qui domina alors chez moi fut celui de la crainte et de la dignité blessée ; il me répugnait extrêmement de voir cette fille dans ma confidence. Mais quand je vis que ce colloque n'amenait aucun résultat, quand je ne le rencontrai pas, quand je ne reçus pas de lettre, je regrettai amèrement qu'il n'eût pas fait ce que j'avais redouté et trouvé mauvais.

» J'avais presque chaque jour une foule de petits bonheurs à son insu : j'assistais à tous les détails de sa vie, je traduisais tous les bruits qui partaient de chez lui ; je connaissais non-seulement tous ses amis, mais aussi toutes les personnes qui le venaient voir d'habitude ; une multitude de petites remarques m'avaient appris ceux qu'il aimait le plus. J'étais contente en même temps que lui quand je les voyais arriver.

» l continuait à nous voir quelquefois ; mais, quoiqu'il se trouvât presque chaque fois qu'il venait seul avec moi, il ne paraissait pas chercher une occasion de s'expliquer.

» Voilà, ma chère, où nous en étions quand vous êtes venue passer quelques jours près de moi, puis quand vous m'avez emmenée à la campagne. Depuis mon retour, rien n'a changé ; même silence de sa part au milieu de mille petites circonstances qui me paraissent suffisamment expressives : ses regards, que je surprends souvent attachés sur ma fenêtre, et qu'il détourne brusquement aussitôt qu'il se croit aperçu, les innombrables petits services qu'il me rend, les livres qu'il me prête, qu'il prend soin de monter lui-même chez moi.

» Il est vrai que presque toujours il évite d'entrer. Est-ce à une excessive timidité que je dois attribuer les contradictions de sa conduite ? S'il m'aime, pourquoi ce silence obstiné ? S'il ne m'aime pas, pourquoi m'entoure-t-il ainsi de soins et de prévenances ? Je ne sais que penser ; mes jours se passent dans une horrible anxiété, car je l'aime, moi, et je frémis si à la honte d'aimer la première je joins la honte et la douleur de l'aimer seule.

» Adieu. »

Pourvu, pensa ici l'âme de feu Bressier, que je ne tombe pas encore sur un Paul Seeburg ! Je ne sais pourquoi, mais j'ai mauvaise opinion de ces amours-là.

XXXII.

MADAME ERNSBERG A MADAME D'ACHEVILLE.

« Il m'a écrit hier matin un billet pour me demander si ma mère et moi serions curieuses d'assister à la première représentation d'un nouveau ballet.

» Croiriez-vous, ma chère amie, que j'ai mis plus de trois quarts d'heure à faire ma réponse ? J'avais d'abord dit qu'on fît attendre son domestique ; mais voyant que je ne viendrais jamais à bout de deux lignes que j'avais à trouver, je fis dire que j'enverrais la réponse dans la matinée.

» En effet, les lettres et les mots s'arrangeaient si singulièrement sous ma plume, qu'en relisant ma première réponse il me sembla qu'à son offre de billets de spectacle je répondais que j'aimais Fernand de toute mon âme. Je déchirai ce billet et j'en fis un autre, mais je trouvai celui-ci sec jusqu'à la malveillance. J'en fis successivement ainsi huit ou dix sans en être plus contente, après quoi j'envoyai une femme de chambre lui *dire* que nous acceptions avec plaisir son offre obligeante.

» Ainsi qu'il fait presque toujours, il n'est pas venu au théâtre. Quand nous sommes rentrées, il y avait encore de la lumière chez lui. Je fis un peu de bruit à dessein, j'ouvris et je fermai ma fenêtre. Il ne se mit pas à la sienne, et bientôt sa lumière disparut. Seulement alors je me couchai, mais je fus bien longtemps sans m'endormir.

» Aujourd'hui nous est venu voir un homme qui a fait longtemps la profession d'être amoureux de moi. C'est un homme bien fait, distingué, spirituel ; je me rappelle même parfaitement qu'il ne me déplaisait pas autrefois : eh bien ! aujourd'hui sa visite m'a été odieuse. Il a paru étonné de la froideur de ma réception ; j'ai essayé de le traiter un peu mieux, mais cela m'a été impossible ; enfin je le priai de me donner le bras jusqu'à une place de voitures ; il me fallait absolument sortir, et une servante mettrait un temps infini à en aller chercher une.

» Une fois hors de la maison, je commençai à respirer. Je ne puis plus supporter un instant ce qui me distrait de lui. Arrivés à une place de flacres, mon *cavalier* en appela un, et, après m'avoir donné la main pour monter, me demanda où je voulais qu'on me conduisît. Je n'y avais pas pensé. Je dis une adresse au hasard, chez une femme que je ne vois jamais. Comme il me saluait, ma mère, qui rentrait, me reconnut et, s'approchant de la voiture, me demanda où j'allais. Elle fut étonnée de ma réponse, mais elle me dit qu'elle irait avec moi ; parce qu'en même temps elle ferait une visite à une de ses amies qui demeure dans le même quartier. M. Cerny nous salua, et la voiture se mit en route. J'étais horriblement contrariée de la rencontre de ma mère ; je voulais être rentrée pour cinq heures, parce qu'à cette heure d'ordinaire il rentre pour s'habiller et fait quelques tours de jardin. Alors, quand je me trouve à ma fenêtre, nous échangeons un petit salut cérémonieux que je ne perdrais pour rien au monde.

» Quand nous avons été en route, j'ai avoué à ma mère que je n'étais sortie que pour me débarrasser de M. Cerny, qui m'ennuyait. — C'est singulier, me dit-elle, tout le monde le trouve aimable, et toi-même, je t'ai vue de cet avis.

» Je ne répondis pas.

» Ma mère me dit : — Puisque nous sommes en route, nous irons toujours voir mon amie.

» Nous arrivons chez madame Fontil. On veut nous retenir à dîner ; ma mère accepte ; moi je dis que je suis horriblement malade ; ma mère veut rentrer avec moi ; j'insiste pour qu'elle reste ; enfin nous repartons et nous rentrons à la maison ; mais, soit qu'il ne fût pas rentré, soit qu'il fût déjà sorti, je ne l'ai pas vu au jardin. Le résultat de ma journée a été de fâcher trois personnes, M. Cerny, ma mère, et madame Fontil.

» Mais que me fait le reste du monde ! »

XXXIII.

MADAME ERNSBERG A MADAME D'ACHEVILLE.

« Il est arrivé cette nuit, ma chère amie, la chose la plus étrange qui se puisse imaginer. Je viens de l'apprendre seulement ce matin par ma mère, qui est entrée fort en colère chez moi en me disant qu'il fallait chasser Célestine.

» Imaginez-vous que vers minuit ma mère, qui, comme presque tous les gens âgés, s'endort difficilement, entendit dans le salon un bruit inaccoutumé. Elle se pique d'être brave ; elle alluma une bougie et alla voir ce que c'était. Elle avoue que son courage faillit l'abandonner lorsque, mettant la main sur la clef du salon, elle entendit des pas furtifs sur le tapis. Sa valeur était montée au degré nécessaire pour aller s'assurer qu'il n'y avait personne et qu'il ne se passait rien ; mais elle ne s'était pas attendue à un réel sujet d'alarmes. Cependant elle se rassura et ouvrit la porte. A ce moment un homme, caché dans un rideau, souffla sa bougie, passa derrière elle, et gagna la porte du carré, par laquelle il sortit de l'appartement. Ma mère, demi-morte de frayeur, sonna sa femme de chambre, qui vint fort troublée, à ce que dit ma mère ; elle ralluma sa bougie, s'assura qu'on n'avait rien volé, et défendit qu'on m'éveillât. Elle passa le reste de la nuit à réfléchir sur cet événement, mais le trouble de Célestine lui fit construire la fable que voici :

» Tout le monde, dit-elle, était couché dans la maison déjà depuis quelque temps, et Célestine, quand elle la sonna, n'était pas encore déshabillée ; il est évident, ajoute-t-elle, que l'homme que j'ai surpris n'est autre qu'un galant que cette fille a caché dans le salon, afin d'attendre que nous fussions assez endormies pour qu'il pût aussi risque de le recevoir chez elle ; car on ne peut aller à sa chambre sans traverser un corridor qui longe la mienne. Comment expliquer autrement, dit ma mère, la présence dans le salon d'un homme qui ne vole rien, le trouble de Célestine encore habillée à cette heure ?

» Je partageais un peu l'opinion de ma mère ; je ne sais quel instinct secret me fit désirer d'interroger ma femme de chambre sans témoins. Lorsque ma mère m'eût quittée, je la sonnai et lui dis sévèrement :

» — Célestine, on a trouvé cette nuit un homme dans le salon ; ce n'était pas un voleur ; vous étiez encore habillée à une heure à laquelle on devait vous croire couchée déjà depuis quelque temps : vous avez paru troublée et confuse. Vous savez quel est cet homme, et j'exige que vous me le disiez.

» — Mais, madame...

» — N'essayez pas de mentir.

» — Eh bien, madame, c'était M. Fernand.

» — M. Fernand !... m'écriai-je.

» A ce moment, ma mère rentra, je fis signe à Célestine de sortir, ma mère me demanda si elle avait avoué.

» — Je ne lui ai encore rien dit, répondis-je.

» — Mais tu es tout émue ?

» — C'est que j'allais parler... et cela m'embarrasse un peu. J'ai remis l'interrogatoire à ce soir.

» — Oui... et tu te laisseras toucher, tu la garderas.

» — Mon Dieu ! ma mère, entre tous les défauts qu'il faut avoir à son service dans une domestique, c'est celui pour lequel j'ai le plus d'indulgence, je l'avoue.

» Et je me laissai aller à une longue plaidoirie philosophique. Je parlai des vertus surhumaines qu'on veut exiger des domestiques pour vingt francs par mois, le prix tout au plus d'un vice très-ordinaire. Je blâmai les femmes qui sont si furieuses de voir un amant à leur femme de chambre, que leur colère a presque l'air d'être de l'envie ; j'ajoutai que, sous les autres rapports, j'étais contente de Célestine. Je finis presque par convaincre ma mère, qui me dit : — Fais ce que tu voudras.

» Me voilà seule, et je pense avec vous, ma chère amie. Vous rappelez-vous que j'attribuais à la timidité les contradictions que je remarquais dans la conduite de Fernand à mon égard ? Elle est jolie, sa timidité ; je l'admirerais fort, si je ne devais admirer encore plus la profondeur de ma dissimulation. Hélas ! rien de ce qui se passait dans mon cœur ne lui a échappé ! Qu'avait-il besoin, en effet, de passer par tous les degrés vulgaires de la déclaration, des soupirs, etc. ? Il savait que je l'aimais ; néanmoins, je ne pense pas avoir rien fait qui pût lui inspirer l'audace de s'introduire ainsi chez moi... Je suis blessée, d'ailleurs, qu'il ait mis ma servante dans son secret... hélas ! et dans le mien.

» Ma mère m'a rendu un grand service quand elle est venue m'interrompre tout à l'heure. Qu'aurais-je dit à cette fille ? de quel front l'aurais-je regardée ? car Fernand n'a pu la prendre pour confidente et obtenir d'elle qu'elle le servît dans son projet, sans qu'il lui ait affirmé que je ne le trouverais pas mauvais.

» En cela, du reste, il se trompe et il l'a trompée. Je suis indignée d'une telle audace et d'un tel procédé. Hélas ! je vous le dis, et je n'en sais rien moi-même ; il m'aime, voilà tout ce que je pense clairement. Le reste ne fait dans ma tête qu'un petit bruit confus qui ne peut guère me distraire de cette ravissante pensée : il m'aime !

» Ce soir, je causerai avec Célestine ; je veux savoir tous les détails. Mon Dieu ! l'oserai-je ? il faut donc avouer... et à une servante ! Que faire ! Il y a des momens où je voudrais ne jamais revoir ni elle, ni lui !...

» Tenez, il est au jardin, je viens de le voir ; il m'a saluée. Heureusement qu'à cette distance on ne peut distinguer, car je me sentais rouge comme une cerise.

» Je vais sortir, je ne puis rester en place. Je crains et je désire le moment où, ce soir, je parlerai à Célestine ; mais j'attendrai que tout le monde soit couché. Adieu. »

Non, se dit l'âme de feu Bressier, ce n'est plus là Paul Seeburg.

Il est vrai que Paul Seeburg se serait tout aussi bien introduit auprès de Cornélie, qu'il serait venu par les toits, au risque de se casser le cou ; mais, une fois arrivé, il aurait souhaité le bonsoir à sa maîtresse ou aurait risqué quelque remarque hardie dans le genre de : Il fait bien chaud aujourd'hui ; après quoi il s'en serait allé par le même chemin.

XXXIV.

MADAME ERNSBERG A MADAME D'ACHEVILLE.

« Tout est fini, ma chère amie ; je ne vous ai pas écrit hier, parce que j'ai passé la nuit et la journée à pleurer et à m'indigner contre moi de ma lâche douleur. Aujourd'hui je ne suis pas fâchée de me retracer encore une fois, en vous les racontant, toutes les circonstances qui doivent me guérir d'un amour insensé.

» Avant-hier soir, j'étais émue et tremblante quand je vis arriver l'heure où Célestine viendrait me déshabiller. Je lus même un peu plus tard que de coutume, ou plutôt je feignis de lire ; j'étais si honteuse de me sentir désormais dans la dépendance de cette fille ! Enfin, je sonnai, et Célestine arriva tellement embarrassée, que je repris un peu d'assurance. — Tenez, lui dis-je, voici une robe que je ne mets plus et qu'il y a déjà longtemps que je veux vous donner. Célestine me remercia et me regarda avec un profond étonnement.

» — Madame n'est donc pas fâchée contre moi ? me dit-elle.

— Je devrais l'être, répondis-je, mais je vous pardonne à condition que vous me direz bien, sans me rien déguiser, comment cela est arrivé.

» — Mon Dieu ! madame, il faut vous dire d'abord qu'il y a très-longtemps que M. Fernand me poursuivait. Je ne voulais pas l'écouter, mais il montait ici à chaque instant sous toute sorte de prétextes ; je le rencontrais chaque fois que je sortais, il me faisait tant de promesses ; enfin, madame, ajouta-t-elle en baissant les yeux, j'ai fini par céder.

» — Mais, n'aviez-vous pas peur de me déplaire ?

» — Je lui disais bien si madame apprenait ce que je faisais pour lui, je serais chassée ; mais il me répondait que si ce malheur arrivait, il ne m'abandonnerait pas, et que d'ailleurs madame n'en saurait rien.

» Ici, je commençai à ne pas bien comprendre.

» — Mais, ajoutai-je, que vous disait-il de moi ?

» — Rien, madame.

» — Comment, rien ! mais enfin, avant-hier, quand ma mère l'a trouvé dans le salon, que voulait-il faire ?

» — Voilà ce que c'est, madame : pour aller dans ma chambre, il faut passer dans le corridor qui longe celle de madame votre mère ; et il attendait là qu'elle fût endormie, parce qu'alors je serais allée le chercher.

» À ces paroles, je sentis un vertige s'emparer de moi, une lueur funeste brillait au milieu de mes incertitudes.

» — Mais enfin vous l'auriez mené dans votre chambre ?

» — Oui, madame.

» — Et... après ?

» — Dame ! madame pense bien...

» — Mais enfin il n'y serait pas resté toute sa vie, dans votre chambre ?

» — Non, madame, il serait sorti un peu avant le jour, comme les autres fois.

» — Comme les autres fois ! ce n'était donc pas la première fois qu'il venait ainsi ?

» — Il était déjà venu deux fois, madame.

» Plus de doute, cet homme que j'aimais, que depuis si longtemps j'entourais de tout ce que mon âme peut renfermer de sentimens tendres et élevés, cet homme n'a jamais pensé à moi, et il est l'amant de Célestine, de ma femme de chambre.

» Tout ce que je me plaisais à expliquer dans sa conduite comme des preuves d'un sentiment pour moi, tout ce qui me semblait de sa part me montrer qu'il cherchait à me voir, à se rapprocher de moi, tous ces prétextes plus ou moins ingénieux qu'il prenait pour venir à la maison, tout cela n'avait que Célestine pour objet.

» Alors un voile épais tomba de mes yeux ; en un instant mon inflexible mémoire rappela chacune de ses paroles, chacune de ses démarches, chacun de ses gestes ; j'avais pris pour de l'amour ce qui n'était qu'une politesse banale, ce qui était moins encore, ce qui n'était qu'un moyen de se rapprocher de cette fille.

» Ainsi ses visites, ses conversations avec moi, dont j'écossais avec soin chaque mot après son départ pour en tirer des inductions, tout cela n'était que le prix dont il payait, malgré lui, le plaisir que je lui donnais de dire quelques mots à ma servante en entrant ou en sortant, ou de lui presser la main.

» Je ne saurais vous dire à quelle honte, à quelle colère, à quelle indignation je fus en proie toute la nuit.

» Quoi ! tous ces trésors d'amour que j'avais amassés pour lui dans mon cœur, il les avait dédaignés pour offrir son amour à une créature comme Célestine, à cette fille parée de mes vieilles robes et de mes bonnets fanés !

» Quelle humiliation ! pourvu que ma femme de chambre n'ait pas compris mon erreur !

Et ce présent que je lui ai fait ! je vois maintenant la cause de son étonnement.

» Puis je pleurai et je me demandai : Mais nous ne connaissons pas les hommes, et que veulent-ils de nous, que cherchent-ils donc en nous, pour que cette fille l'ait emporté sur moi ? Et elle avait l'insolence de me dire qu'il l'avait poursuivie longtemps, qu'elle lui avait résisté, à lui que j'attendais, moi ! Quoi ! cet amour dans lequel je voyais une si complète félicité, elle l'a longtemps dédaigné, elle, ma servante ! Elle est donc jolie, plus jolie que moi ? Mais aurais-je jamais cru qu'une fille de cette sorte put être jolie aux yeux de l'homme que j'aimais ?

» Il faisait jour, je la sonnai pour la voir ; elle est jolie, c'est vrai, mais cela est ce que sont toutes ces filles, ce n'est ni propre ni soigné, cela n'a aucune délicatesse... Je ui fis faire cinq ou six choses inutiles ; mais de ces choses où paraît le plus désagréablement la condition de la servitude : elle ne m'en parut ni surprise ni froissée. J'aurais voulu qu'elle ne m'obéît pas ou qu'elle m'obéît de mauvaise grâce ; non, et son calme m'irritait ; je me disais : Elle est heureuse ; s'il m'avait aimée, moi, je me serais comme elle enveloppée de son amour, et il m'aurait ainsi préservée de tout.

» Son amour! mais il ne l'aime pas ; c'est impossible, il ne peut pas l'aimer ; et cependant c'est une chose affreuse que d'envier cette fille. Mais non, je ne l'envie pas. Que ferais-je maintenant de l'amour de Fernand, de cet amour qu'il a déshonoré et sali à mes yeux?

» Je voudrais qu'il m'aimât maintenant, mais pour le repousser avec mépris.

» Ah! je n'ose regarder tout ce qu'il y a de mouvemens honteux dans mon cœur.

» Mais je ne peux plus voir cette fille ; si elle sourit, il me semble qu'elle me brave ; si elle a l'air humble, c'est par pitié, pour ne pas m'humilier. Ma mère est entrée dans ma chambre et m'a dit ;

» — Eh bien?

» Je ne savais que trop ce qu'elle voulait dire, mais je ne voulus pas en paraître préoccupée au point de ne pas penser qu'il y eût autre chose dont elle pût avoir à me parler.

» — Quoi? de quoi veux-tu me parler.

» — Mais de Célestine et de cet homme.

» — Elle m'a tout avoué.

» — Et que feras-tu?

» — Je ne la garderai pas ; on ne peut pas souffrir qu'une fille se permette ainsi d'introduire un amant dans la maison de ses maîtres. Que penserait-on de moi si j'avais l'air de tolérer une semblable conduite, mon Dieu!

» — Mais, me dit ma mère, tu me disais hier le contraire de tout cela.

» — Ah! oui, hier; mais j'ai réfléchi.

» — Et lui as-tu dit de partir?

» — Non. Je prendrai un autre prétexte ; je ne veux pas lui donner plus longtemps occasion de me parler de ses amours, cela me dégoûte.

» — Quel prétexte prendras-tu?

» — Elle ne tardera pas à m'en fournir ; elle a toutes sortes de défauts, je n'aurai qu'à choisir.

» — Ah!

» Cet ah! de ma mère me fit rentrer en moi-même ; en effet je pensais que la veille je lui avais fait un pompeux éloge de Célestine. Je parlai d'autre chose.

» Me voilà seule avec vous, et je vous écris. Vous voyez, ma pauvre amie, à quel degré d'humiliation je suis réduite. Il faut que je détermine ma mère à faire un voyage malgré la saison, qui est bien avancée ; il y a une sœur à elle qui est malade à Reims, je vais parler à ma mère d'aller passer un mois auprès d'elle. Une fois là, je verrai à prolonger le séjour ; j'espère que le temps et ma dignité justement offensée me guériront de mon indigne amour. Il y a des momens où je me crois guérie, et où j'ai presque envie de rester et d'affronter la présence de Fernand ; mais qui sait si ce n'est pas une ruse que l'amour emploie contre moi?

» Adieu, je ne sais si je ne suis pas plus honteuse que triste et indignée. »

XXXV.

Voici, du reste, comment Célestine fut chassée.

Le jour même elle laissa tomber une tasse qui valait bien huit sous. On l'appela maladroite ; on lui dit qu'elle cassait *tout* dans la maison. Elle répondit humblement que depuis bientôt deux ans elle n'avait jamais cassé que cette tasse. On la trouva audacieuse de répondre ; on lui dit que, si elle *faisait attention* à son ouvrage, cela n'arriverait pas ; qu'elle n'avait cassé la tasse que parce que, selon son habitude, elle avait tourné la tête pour se regarder dans une glace ; qu'elle ne pensait qu'à se regarder ; qu'on n'avait pas besoin d'une servante qui n'avait d'autre soin que celui de sa sotte personne.

Le lendemain, c'était un dimanche, et le jour de sortie de Célestine. On la trouva habillée trop en *demoiselle;* on lui fit ôter une sorte de bonnet orné de rubans d'assez mau-

vais goût, et on l'obligea d'en mettre un plus simple ; on exigea qu'elle eût un fichu sur son cou : il n'était pas décent de l'avoir ainsi nu.

Le soir, on trouva qu'elle rentrait trop tard ; le lendemain matin, qu'elle ne se levait pas assez tôt. Elle répondit qu'elle était levée depuis cinq heures du matin. A ces mots, on observa qu'elle avait pris depuis longtemps l'habitude de répondre et d'être impertinente, et on lui dit qu'elle eût à chercher une place.

Célestine, du reste, donnait un rival à Fernand, et un rival aimé. C'était un gros Auvergnat, lourd, épais, qui apportait de l'eau à la maison.

XXXVI.

L'âme de feu Bressier s'éloigna à regret de madame Ernsberg. Il y avait autour de cette femme une enivrante atmosphère d'amour et de fleurs ; il semblait que son âme exhalât l'amour, comme ses cheveux sentaient la violette.

Les regrets qu'elle éprouva ne furent pas amoindris par la première rencontre d'amoureux qu'elle fit. C'était un jeune homme encore imberbe, baisant la grosse main d'une paysanne hâlée, robuste, à l'haleine forte, au visage mâle, une sorte d'homme femelle qui, dans un accès de tendresse, en serrant la main de son amoureux, faillit le faire crier, tant elle lui broyait les os.

L'âme vagabonde continua ses recherches.

Dans le coin d'un appartement, trois hommes sont réunis autour d'une table, sur laquelle sont placés des verres et un pot de bière.

— Hélas! mes frères, dit un des trois; qui aurait cru que le bonheur dont avait joui tant d'années notre pauvre frère allait lui glisser aujourd'hui entre les doigts ; que sa femme, jusqu'ici si sage, si fidèle, si attachée à ses devoirs, lui donnerait un si violent chagrin? car voici la lettre que j'ai trouvée ce matin par hasard, et je vous ai réunis pour vous demander conseil.

« Enfin, je ne puis davantage retarder mon départ. Mes » chevaux seront à ma porte ce soir à onze heures. Ne » vous dirai-je pas adieu en partant? Ne songerez-vous » pas que, dans notre périlleux métier, chaque adieu peut » être le dernier? N'obtiendrai-je jamais de vous que des » refus? Qu'avez-vous à craindre de moi? Ne me suis-je » pas toujours résigné au respect que vous m'avez imposé? » Au nom du ciel! venez encore une fois dans cet heureux » logis où j'ai tant pensé à vous? Venez ce soir à neuf » heures, pas avant, car à ce moment seulement je suis » sûr d'être seul; pas après, car il se fera dans la maison un » mouvement qui vous exposerait à être remarquée. Mon » ange chéri, ne me refusez pas. »

— Voilà, mes chers frères, voilà, mes bons amis, la lettre que j'ai trouvée, et sa femme a annoncé à dîner que sa mère est malade et qu'elle ira la voir *ce soir*. Elle est soucieuse et tourmentée. Je n'ai pas besoin de vous dire mon embarras. Notre frère ne reviendra pas avant deux semaines.

— Mais, dit l'un des frères, il paraît qu'il n'y a pas grand mal : il n'est question que de refus, de respect, etc.

— Oui, dit l'autre, jusqu'ici ; mais l'attendrissement des adieux, la douleur de la séparation, peuvent mener loin.

Pour celui qui avait parlé le premier, il ne parla plus et ralluma sa pipe qui était éteinte.

— Oh! si notre frère était ici, il en tirerait une vengeance éclatante ; il suivrait l'infidèle et l'immolerait avec son amant à sa juste colère.

— Ceci serait bien, dit le second frère, si la chose se pouvait faire sans bruit et sans scandale ; mais l'opinion attache aux fautes de la femme du déshonneur, et, ce qui n'est pas moindre, du ridicule pour le mari. Il faut donc éviter de donner de la publicité à notre malheur.

— Si je lui parlais, dit le premier frère, si je lui disais que je sais tout, si je l'accablais de reproches et de mépris.

— Vous auriez tort, reprit le second frère. Peut-être n'at-elle plus pour frein que la peur de perdre l'estime. Il ne faut pas l'en débarrasser.

— Lucrèce l'a dit, ajouta le premier frère : Il y a toujours quelque amertume mêlée aux joies humaines :

Medio de fonte leporum,
Surgit amari aliquid.

— C'est ce que dit aussi un auteur grec, dit le second frère, jaloux de l'érudition du premier :

Πωλοῦσιν ὑμῖν πάντα τὰ δαθ' οἱ θεοί.

— Ce que La Fontaine a si bien traduit dans ces beaux vers, reprit le premier :

Il lit au front de ceux qu'un vain luxe environne
Que la fortune vend ce qu'on croit qu'elle donne.

— Et Voiture, dit le second, dans une lettre au comte de Guiche : — « Pour l'ordinaire, la fortune nous vend bien » chèrement ce qu'on croit qu'elle nous donne. »

Pour le troisième frère, il continuait à fumer sa pipe et de boire de temps à autre une gorgée de bière.

— Mais que faire ?

— C'est une grande sottise qu'ont eue les hommes de faire dépendre leur honneur de la fidélité de leurs femmes, dit le second frère.

— Ah ! mon Dieu ! il est neuf heures moins un quart, et je l'entends qui sort ! Elle va passer par ici ; je vais lui défendre de sortir.

— Ne vous en avisez pas, dit le second frère ; nous n'avons aucun droit sur elle. Elle saura bien vous le dire.

— Alors je vais la suivre... et malheur à elle ! malheur à lui !

— Gardez-vous-en bien ! Quels sont encore vos droits ?

— Mais que faire ? que faire ?... Elle ouvre la porte ; la voici !

Le troisième frère, sans quitter sa pipe, prit avec deux doigts un bouton de l'habit de celui de ses frères qui était le plus près de lui, et l'arracha, non sans faire une notable déchirure à l'habit. La femme, à ce moment, traversait la chambre pour sortir ; elle salua ses beaux-frères, et dit : — Adieu, mes frères ; je vais chez ma mère.

— Ma chère sœur, dit le troisième frère, il faut absolument qu'avant de vous en aller vous fassiez un point à l'habit de mon frère, et que vous rattachiez ce bouton arraché.

— Mais ne peut-il mettre un autre habit ? demanda-t-elle avec impatience.

— Non, ma sœur ; nous allons ensemble dans un endroit où on doit être en habit noir, et il n'a que celui-ci.

— Mais il faut une heure pour raccommoder cet accroc.

— Oh ! que non, un petit quart d'heure suffira.

Elle paraissait anéantie ; mille idées traversaient sa tête. Cependant il fallut se résigner ; d'abord elle essaya de se hâter ; mais bientôt elle s'aperçut qu'il n'y avait pas moyen d'arriver à temps ; ses mains tombèrent découragées ; puis, comme si elle se réveillait d'un songe, elle se remit à coudre avec une ardeur convulsive. Mais une pendule sonna neuf heures que l'ouvrage était loin d'être terminé.

— Mon frère, dit-elle, vous avez une affreuse habitude de fumer ainsi, toute la maison en est infectée...

XXXVI bis.

DANS LA RUE.

Une jeune fille passait dans la rue en longeant les maisons, deux jeunes gens qui se tenaient par le bras derrière elle se séparent, l'un d'eux l'aborde, et lui dit d'une voix dure : — Que faites-vous si tard dans les rues ?— Elle marche un peu plus vite.—Allons, dit-il en jurant, donnez-moi le bras et venez souper avec moi.

Elle presse le pas.

L'inconnu l'arrête, et veut l'obliger à lui donner le bras.

— Mais, monsieur, je ne vous connais pas, laissez-moi *passer mon chemin.*

— Du tout, tu souperas avec moi.

Le second des deux jeunes gens intervient : — Monsieur, pourquoi arrêtez-vous ainsi mademoiselle ?

— Monsieur, *cela ne vous regarde pas.*

— Hé bien, monsieur, moi *je regarde cela*, et je trouve que vous vous conduisez comme un drôle ?

— Monsieur, vous m'en rendrez raison.

— Volontiers. Monsieur, voici ma carte ; et la vôtre ?

— La voici.

— Je serai chez vous demain à dix heures.

— Je vous attendrai.

— Mademoiselle, si vous voulez me permettre de vous offrir mon bras, je vous préserverai de pareilles rencontres jusqu'à votre demeure.

— Mon Dieu ! monsieur, je ne voudrais pas vous déranger.

— Mademoiselle, ce ne sera pour moi qu'un plaisir.

Elle prend le bras du jeune homme, et se dit à elle-même, chemin faisant : Ils croient que je ne les reconnais pas, ils passent deux fois par jour devant mon magasin, et ils ne se quittent jamais ; j'ai l'air de donner dedans, parce que je sais que celui-ci est généreux, et qu'il a donné des boucles d'oreilles *en or* à Loïde.

Et tout haut :

— Ah ! monsieur, comme ce vilain homme m'a fait peur.

XXXVII.

— Pst, Édouard

— Qu'est-ce Léopold ?

LÉOPOLD. — As tu trois francs

ÉDOUARD. — Non, et toi ?

LÉOPOLD. — Imbécile ! pourquoi est-ce que je te demanderais si tu les as ?

ÉDOUARD. — Pour me les offrir si je ne les avais pas.

LÉOPOLD. — Au contraire, c'était pour te les emprunter.

ÉDOUARD. — Je ne les ai pas. J'avais cent sous : trois francs de gants, et le reste au fiacre qui m'a amené.

LÉOPOLD. — Diable !

ÉDOUARD. — Que veux-tu faire de trois francs ? Veux-tu jouer, malheureux ! veux-tu risquer *ton or* sur le tapis vert des tables de jeu ?

LÉOPOLD. — Ne plaisante pas. Voilà ce qui m'arrive : tu sais bien cette grande femme blonde qui est près du piano ?

ÉDOUARD. — Madame Lagache ?

LÉOPOLD. — Oui. Tu sais depuis combien de temps je lui fais la cour.

ÉDOUARD. — Je sais aussi combien d'élégies, de madrigaux, de bouquets, tu as commis à son intention.

LÉOPOLD. — Ne plaisante pas. Tu sais que son mari n'a jamais voulu, malgré toutes mes ruses, toutes mes bassesses, me laisser entrer dans sa maison.

ÉDOUARD. — Tiens, à propos, où est-il donc le mari ? je ne le vois pas ce soir.

LÉOPOLD. — Il n'y est pas. Je ne t'ai pas caché, à toi, que madame répond à mon amour.

ÉDOUARD. — Parbleu non, tu ne me l'as pas caché, ni à Frédéric non plus, ni à Eugène non plus, ni à personne.

LÉOPOLD. — Tu sais...

ÉDOUARD. — Mon bon ami, nous avons l'air de faire une exposition de tragédie ; le héros dit à son confident : — *Tu sais,* et lui récite trois cents vers. Il serait bien plus amusant pour le confident d'entendre la moindre babiole qu'il ne sût pas ; il y a assez longtemps que cela dure : je veux donner aux confidens à venir l'exemple de la révolte contre cet abus.

LÉOPOLD. — Tais-toi.

Je te l'ai déjà dit, et veux te le redire.

Nous arriverons tout à l'heure au nouveau : c'est une femme prudente, qui ne m'a pas permis d'aller chez elle sans l'invitation de son mari, qui bien plus sévèrement encore n'a jamais voulu venir chez moi; qui d'ailleurs ne sort jamais seule ; que son mari suit comme son ombre.

ÉDOUARD. — Pardon, je blâme le mot *ombre* appliqué à monsieur Lagache, qui est gros comme un muid.

LÉOPOLD. — Tais-toi donc. Tout cela est de la prudence plus que de la vertu; d'ailleurs elle m'aime, et j'ai tout lieu de croire qu'elle ne reculerait pas devant une occasion ; eh bien ! tout à l'heure, en dansant, elle m'a dit : — Mon mari n'est pas ici, vous me reconduirez.

ÉDOUARD. — Eh bien ! tu me fais l'effet d'être le plus heureux des hommes.

LÉOPOLD. — Au contraire.

ÉDOUARD. — Comment, au contraire?

LÉOPOLD. — Je voudrais trouver un mot plus fort. Il faut que je la reconduise; mais comment faire, puisque nous n'avons ni l'un ni l'autre de quoi payer une voiture ?

ÉDOUARD. — Reconduis-la à pied.

LÉOPOLD. — Imbécile !

ÉDOUARD. — C'est vrai. Comment faire?

LÉOPOLD. — Il n'y a personne ici qui ait assez de confiance en toi pour te prêter cent sous que tu me sous-prêterais ?

ÉDOUARD. — Dis plutôt qu'il n'y a personne en qui j'aie assez de confiance pour lui la demander.

LÉOPOLD. — Mais qu'est-ce que je vais faire? J'ai envie de me sauver, de ne revenir jamais ici, de ne revoir jamais madame Lagache.

ÉDOUARD. — De quitter la France et l'Europe, n'est-ce pas? Moi, à ta place, je prendrais tranquillement la voiture à tout hasard, puis j'aviserais ensuite aux moyens de la payer ou de ne pas la payer. Quand madame Lagache serait rentrée chez elle, j'irais à l'heure chez un ami.

LÉOPOLD. — Mais on quittera d'ici à une heure du matin ; où veux-tu que j'aille frapper à cette heure-là?

ÉDOUARD. — C'est juste ; eh bien ! tu donneras ton chapeau au cocher.

LÉOPOLD. — Ton expédient est joli !

ÉDOUARD. — Je te jure que je n'hésiterais pas à l'employer pour moi.

LÉOPOLD. — Mais que faire? que devenir? Je ne puis lui dire que je n'ai pas d'argent pour prendre une voiture; je ne puis la reconduire à pied sans rien dire. Je voudrais être à cent lieues d'ici.

ÉDOUARD. — Peut-être voudra-t-elle aller à pied, elle demeure près d'ici.

LÉOPOLD. — C'est justement pour cela qu'il faut une voiture ; à pied, on arriverait en cinq minutes. Mon Dieu ! que je suis donc embarrassé !

ÉDOUARD. — Je te dis... si le refus venait d'elle ?

LÉOPOLD. — Ce serait une occasion unique. manquée ; mais je m'en consolerais pour éviter l'humiliation.

ÉDOUARD. — Il n'est que onze heures ; invente de ton côté, je vais imaginer du mien. Il est impossible qu'à nous deux nous ne trouvions pas...

LÉOPOLD. — Trois francs ?

ÉDOUARD. — Non ; il est au contraire probable que nous ne les trouverons pas. Je veux dire un moyen de te tirer d'embarras.

— Nous nous rejoindrons de temps en temps.

Minuit.

ÉDOUARD. — Eh bien !

LÉOPOLD. — Rien. Je ne sais que faire ; j'en deviendrai fou. Tu n'as rien trouvé?

ÉDOUARD. — Non ; cherchons encore, nous avons plus d'une heure devant nous. Mais à ta place je donnerais mon habit au cocher.

LÉOPOLD. — Tout à l'heure tu me conseillais de lui donner mon chapeau. Tu n'as pas fait grands efforts d'imagination depuis ce moment-là.

ÉDOUARD. — C'est que j'ai réfléchi que ton chapeau n'est pas bien bon, et que le cocher n'en voudrait peut-être pas.

LÉOPOLD. — Tu m'ennuies. Je t'assure que ma position n'est pas amusante.

Une heure.

ÉDOUARD. — On va partir, mais tu es sauvé !

LÉOPOLD. — Comment le sais-tu ?

ÉDOUARD. — Comment je le sais, ingrat ! c'est moi qui te sauve.

LÉOPOLD. — Comment, est-ce que le maître de céans t'a demandé avis pour me prêter le louis que je lui ai demandé?

ÉDOUARD. — Tu as un louis?

LÉOPOLD. — Je ne suis pas assez lié avec lui pour lui emprunter cent sous.

ÉDOUARD. — Eh bien! Alors j'ai fait une jolie chose.

LÉOPOLD. — Comment? Qu'as-tu fait?

ÉDOUARD. — C'était pour te tirer d'embarras. Dès ce soir, j'en ai bien peur, tu pourras rendre le louis à notre hôte.

LÉOPOLD. — Mais explique-moi... Ah ! mon Dieu ! voilà que l'on fait.

Léopold s'approche de madame Lagache, qui dit adieu à la maîtresse de la maison, et la prie d'attendre qu'il fasse chercher une voiture. La maîtresse de la maison crie; madame Lagache répond qu'elle préfère s'en aller à pied, qu'il fait un temps magnifique, qu'elle demeure à deux pas, etc. Léopold insiste, dit en plaisantant qu'il est fatigué, qu'il a beaucoup dansé, que ces deux pas qu'il y a à faire sont au dessus de ses forces. Madame Lagache répond sérieusement qu'elle ira à pied ; que d'ailleurs, si monsieur Léopold est trop fatigué pour l'accompagner, monsieur Millin, qui demeure auprès de chez elle, voudra bien accepter cette corvée. Léopold se résigne. Monsieur Millin, qui a entendu madame Lagache, sort en même temps qu'eux et les accompagne jusqu'à la porte de madame Lagache. Léopold, qui est furieux, ne peut même se plaindre ; il se contente de prendre un air superbe et indifférent, de tenir le bras sur lequel s'appuie madame Lagache le plus loin de lui qu'il peut ; il ne prononce pas un mot. Mais comme on entre dans la rue de madame Lagache, comme on voit déjà la lanterne qui est en face de la porte, il se ravise, il lui presse le bras contre son cœur, il lui demande quand il la verra, il remarque que cette soirée a bien vite passé. Madame Lagache à son tour endosse les airs dédaigneux que vient de dépouiller Léopold ; elle retire son bras, le pose à peine sur celui de Léopold. Je suis sûr que le bras de madame Lagache ne pèse pas en ce moment autant qu'une plume de chardonneret.

40

On arrive, monsieur Millin frappe, on ouvre, madame Lagache entre. Léopold referme la porte, dont le bruit retentit dans son cœur. Il répond à peine à monsieur Millin qui l'accompagne encore quelque temps, et il rentre chez lui désespéré et furieux.

Lorsque Edouard avait vu l'embarras de Léopold, il avait pensé qu'il fallait le sauver à tout prix ; il avait été inviter madame Lagache à danser ; elle avait répondu qu'elle ne danserait plus, qu'elle était fatiguée. Edouard avait frémi pour son ami à ce mot. Espérez donc de reconduire à pied une femme qui est trop fatiguée pour danser ! Il la pria de lui permettre de passer auprès d'elle le temps de la contredanse qu'elle lui refusait, en ajoutant qu'il se croirait parfaitement indemnisé.

— Voilà un homme heureux, dit-il en montrant Léopold.

— Eh ! demanda madame Lagache, en quoi consiste donc ce bonheur si digne d'envie ?

ÉDOUARD. — En ce que c'est l'homme du monde le plus favorisé du beau sexe.

MADAME LAGACHE. — Vraiment ! Et comment le savez-vous ?

ÉDOUARD. — Un peu par lui, et beaucoup par d'autres.

MADAME LAGACHE. — Par lui... Cela montre que si son bonheur est réel il n'en est guère digne.

ÉDOUARD. — Oh ! moi, je suis son ami intime, et ce qu'il m'en a dit n'est pas pour commettre une indiscrétion, car il ne m'a jamais nommé personne, mais pour m'apprendre à triompher de ma timidité.

MADAME LAGACHE. — Vous êtes donc timide ?

ÉDOUARD. — Hélas, oui !

Madame Nicols, la maîtresse de la maison, s'approcha alors de madame Lagache et lui dit :

— Vous ne dansez pas ?

Madame Lagache répéta ce qu'elle avait dit à Edouard, et ajouta :

— Je vous avouerai humblement que j'ai voulu faire comme la plupart de ces dames et de ces demoiselles ; j'ai mis des souliers plus petits que mes pieds, et ils me gênent horriblement.

Madame Nicols répondit obligeamment à madame Lagache qu'elle avait d'autant plus tort qu'elle n'en avait pas besoin pour avoir le pied le plus petit du monde, et qu'on ne pouvait excuser sa prétention de lutter avec les petites filles de six ans.

— Mais, ajouta-t-elle, vous désoliez bien ce pauvre monsieur Edouard. Quand je suis venue auprès de vous, j'ai entendu un *hélas* désespéré.

MADAME LAGACHE. — Il gémissait de son extrême timidité.

ÉDOUARD. — Et je parlais des bons conseils que m'a donnés un ami qui m'a juré que, s'il s'était souvent repenti de ne pas avoir été assez audacieux, jamais il ne s'était repenti de l'avoir été trop.

MADAME NICOLS. — Et quel est l'auteur de ce beau conseil ?

ÉDOUARD. — Nul autre que mon ami Léopold qui danse là-bas.

MADAME LAGACHE. — Eh bien ! il vous a dit une sottise.

ÉDOUARD. — Je n'oserais dire à quel point il pousse l'application de ses théories.

MADAME NICOLS. — Dites toujours ; votre timidité nous assure que vous ne direz rien de trop.

MADAME LAGACHE. — Oui... mais les conseils de monsieur Léopold...

MADAME NICOLS. — Puisqu'il nous a dit qu'il ne pouvait pas prendre sur lui de les suivre. Parlez, monsieur Edouard.

ÉDOUARD. — Eh bien ! il prétend qu'il n'a jamais laissé passer une occasion sans en profiter.

MADAME NICOLS. — Cette théorie n'est pas merveilleuse, elle n'est surtout pas nouvelle. Je gage qu'elle était pratiquée par les petits jeunes gens d'Athènes.

ÉDOUARD. — Mais il faut savoir ce qu'il entend par une occasion.

MADAME LAGACHE. — Ah !

ÉDOUARD. — Il entend par une occasion la première fois qu'il se trouve seul avec une femme.

MADAME NICOLS. — Une femme dont il est aimé, une femme qu'il a convaincue de son amour par des soins assidus... et encore !

ÉDOUARD. — Pas le moins du monde. Une femme avec laquelle il a dansé une fois et qu'il ramène en fiacre.

MADAME LAGACHE. — C'est que votre ami ne danse qu'à la Grande-Chaumière.

ÉDOUARD. — Pas du tout ; il parle des femmes du monde.

MADAME NICOLS. — Il est fou.

MADAME LAGACHE. — Et menteur.

Cette révélation faite à madame Lagache en présence de madame Nicols explique surabondamment le refus opiniâtre de madame Lagache de se laisser remmener en voiture par Léopold.

XXXVII bis.

DANS UNE ARRIÈRE-BOUTIQUE.

Une jolie femme, à l'œil vif, aux cheveux noirs et luisants, est seule avec son mari ; elle est dans un déshabillé plein de coquetterie ; le mari ne paraît pas disposé à se coucher, et cependant il est tard ; ils parlent à voix basse, la femme est pâle et émue.

— Songez, lui dit le marchand, que c'est à ce prix-là seulement que je te pardonne.

— Mais vous me jurez qu'il n'y aura pas de sang versé ?

— Je vous le promets ; et de plus vous aurez ce châle dont vous avez si envie ; chut ! le voici.

Le mari disparaît. On a frappé trois petits coups à la porte extérieure, la femme va ouvrir.

— Ah ! vous voilà, monsieur !

— Oui, cher ange, me voilà ; et bien heureux encore, et plus amoureux que jamais.

Après mille propos, après mille caresses, le nouveau venu dit :

— Il est tard, et il faut que je te quitte avant le jour.

En disant ces paroles il l'entraîne du côté de l'alcôve ; elle se laisse conduire et souffle une bougie.

— Pourquoi éteins-tu donc cette lumière aujourd'hui ?

— C'est par distraction.

Une heure se passe, l'amant est endormi lorsque le mari entre brusquement dans la chambre avec une bougie d'une main et un pistolet de l'autre.

Il se réveille en sursaut et se lève sur son séant.

— Ne faites pas un mouvement ou vous êtes mort !

La femme s'est caché le visage, l'amant veut parler, offre au mari de lui rendre raison le lendemain, à l'instant même, s'il l'exige.

— Vous me croyez plus bête que je ne le suis, mon beau monsieur ; vous supposez que je vais me contenter pour unique vengeance de recevoir de vous un coup d'épée ou de pistolet ? Non, monsieur, non ; notre duel est bien comme cela, je tire seul et à bout portant ; ce ne sera pas cette fois le mari outragé qui sera victime d'un ridicule point d'honneur.

— Mais c'est un assassinat !

— Non : je trouve la nuit un homme dans ma maison, j'ai le droit de le tuer.

— Mais...

— Il n'y a pas de mais... Cependant j'aimerais mieux ne pas faire d'éclat. Vous me donnerez dix mille francs.

— Vous les aurez dans une heure ?

— Tu ! tu ! tu ! tu ! Vous m'en promettriez cent mille aussi facilement, n'est-ce pas ? mais je veux une sûreté, une bonne lettre de change. Aglaé, où est le papier timbré ?

Eh bien!... m'entends-tu? où est le papier timbré ? Tu ne veux pas parler ! Ah ! je me rappelle... tenez, écrivez : Accepté pour la somme de dix mille francs.

— Mais...

— Ecrivez, ou je vous jure, vrai comme voilà une bougie qui nous éclaire, que je vous casse la tête.

Signez à présent : c'est bien, allez-vous-en, et n'en contez plus aux femmes des autres.

L'amant s'en va ; ce n'est qu'une demi-heure après, quand son trouble est passé, qu'il voit qu'il est victime d'un guet-apens. La femme du marchand lui avait écrit que son mari était à la campagne...

ANTOINE HUGUET *et* CHARLES LEFLOCH *fument et boivent du punch.* SAGAN *est assis dans un coin et écrit.*

SAGAN *à demi-voix.*

Pour un seul mot d'amour prenez toute ma vie.

Cela ne rime pas à *change.*
(*Haut*) Qui est-ce qui sait une rime en *ange !*
ANTOINE HUGUET.— *Mange.*
LEFLOCH.— *Étrange.*
HUGUET.— *Démange.*
LEFLOCH.— *Ange.*
SAGAN.—Tout cela ne fait pas mon affaire.
HUGUET.— Tu n'as donc pas fini tes fameux vers ?
SAGAN.—Il ne me manque plus que cette rime.
LEFLOCH.—Pour qui est-ce donc qu'il fait des vers ?
HUGUET.— Pour Aglaé.
LEFLOCH.— Tiens, c'est ennuyeux.
SAGAN.—Pourquoi ça donc ?
LEFLOCH.—Parce que je l'aurais assez aimée, cette petite. Après tout, ça ne m'empêche pas de lui faire la cour.
SAGAN.— Mais il me semble que cela devrait t'empêcher...
LEFLOCH.— Non, au point où tu en es.
SAGAN.— Mais j'en suis à un fort joli point.
LEFLOCH.— Laisse-moi donc tranquille, tu fais des vers.
SAGAN.— Nous ne ferons que nous gêner tous les deux.
LEFLOCH.— Alors retire-toi.
SAGAN.— Tiens... tiens... tiens... et mes frais !
LEFLOCH.— Quels frais?
SAGAN.—J'ai envoyé un bouquet hier ; d'ailleurs je suis plus avancé que toi.
LEFLOCH. — Non, tu n'en es qu'aux vers ; après les vers tu demanderais un rendez-vous, n'est-ce pas ?
SAGAN.—Certainement.
LEFLOCH.—Eh bien ! moi, je compte commencer par demander le rendez-vous, je passe les vers, et je suis aussi avancé que toi, puisqu'il te manque une rime.
SAGAN.— Mon vers est fait.
HUGUET.— Voyons.
SAGAN.— Voilà.

Pour un seul mot d'amour prenez ma vie, ô ange.

HUGUET.—Eh bien ! il est joli, ton vers !
SAGAN.—Les femmes comme Aglaé et beaucoup d'autres encore trouvent toujours charmans les vers qu'on leur adresse ; j'ai *perdu* une femme mariée avec trois couplets de la complainte de Fualdès. Mais voyons, Lefloch, n'allons pas nous nuire réciproquement.
LEFLOCH.—Moi, ça m'est égal, j'aime Aglaé, et l'amour ne raisonne pas.
SAGAN.—Tu m'avoueras que c'est bien pour me contrarier.
LEFLOCH.—Non, mais si tu veux, là, de bonne foi, jouons nos droits à pile ou face, ou à pair ou non.

SAGAN.—Je le veux bien, mais le perdant se retirera tout à fait de bonne grâce et de bonne foi...
LEFLOCH. —Je le jure.
SAGAN. — Et moi aussi. (*Il tire de sa poche sa main fermée.*) Pair ou non ?
LEFLOCH. — *Impair.*
SAGAN. C'est ma foi vrai ! il n'y a qu'une pièce.
LEFLOCH.—Je m'en doutais bien.
SAGAN.— Pourquoi cela ?
LEFLOCH.— Parce que c'est déjà beaucoup de te supposer une pièce ; ah çà ! qu'est-ce que tu vas faire de tes vers? tu devrais me les donner.
SAGAN. — Tu n'es pas dégoûté.
LEFLOCH. — Puisqu'il sont faits pour Aglaé.
SAGAN.—Crois-tu qu'ils n'iront pas aussi bien à une autre ?
LEFLOCH.— Je te les achète.
SAGAN.— Combien ?
LEFLOCH.— Mon gilet beurre frais.
SAGAN.— Ça me va ; les vers sont à toi.

XXXVIII.

Il y a, au premier étage de la plus belle maison d'une rue fréquentée, un riche appartement dans lequel il ne reste plus que de gros meubles ; les bijoux, toutes les somptuosités inutiles ont disparu. Une femme attend ; elle est belle, mais les passions ont laissé sur son visage de terribles traces. Elle s'assiod, elle se lève, elle marche, elle ouvre une croisée, la referme, elle est en proie à une violente agitation.—Pourvu qu'il n'ait pas gagné, dit-elle ; car tant qu'il nous restera la moindre ressource, je ne le déciderai pas. Ah ! le voilà !

Il paraît un beau jeune homme, mais pâle, mais couvert d'une sueur froide, mais les yeux égarés.

— Pauline, dit-il, j'ai perdu !

Et il tombe affaissé dans un fauteuil et se recouvre le visage de ses deux mains.

— Qu'allons-nous devenir alors, Raoul ? dit la femme.

— Je n'en sais rien, je voudrais être mort.

PAULINE.— Et me laisser, m'abandonner lâchement, en proie à la misère et à la honte !

RAOUL.— Pardon, pardon, Pauline ; mais c'est pour toi que je souffre, pour toi que je voudrais voir si heureuse, pour toi que je voudrais entourer de luxe ! Que faire ? que devenir ?

PAULINE.—Je n'en sais rien. Le propriétaire de la maison a fait saisir aujourd'hui nos meubles pour les trois termes de loyer échus. J'ai mis mes derniers bijoux en gage. La seule servante que j'ai gardée s'aperçoit de notre gêne et est insolente. Aucun fournisseur ne veut plus donner à crédit.

RAOUL.— Oh ! mon Dieu ! mon Dieu !

PAULINE.—J'ai soupé avec un petit pain et de l'eau sucrée. Je n'ose plus sortir, je crains de rencontrer, dans le misérable équipage où je suis, quelqu'une de mes anciennes connaissances. Est-ce là ce que vous m'aviez promis, quand vous m'avez arrachée à ma famille, quand vous m'avez perdue !

RAOUL.—Hélas ! Pauline, j'étais loin de le prévoir moi-même ! J'avais une fortune suffisante ; mais nous avons fait tant de folies depuis trois ans ! et puis j'ai voulu jouer pour réparer les brèches, et j'ai perdu, toujours perdu !... Ce soir encore... dans cette maison où on m'a présenté... un coup qui n'arrive jamais : quinze rouges de suite ! J'ai tout perdu ! tout, jusqu'à mon dernier sou !

PAULINE.—Nous n'avons plus de ressources, et d'ailleurs je ne me résignerais pas à vivre dans la pauvreté.

RAOUL. — Ah ! si j'avais seulement le quart de ce que nous avons dépensé et perdu depuis trois ans ?

PAULINE.— Ce serait joli ! Ecoutez, Raoul : il ne faut pas vivre, ou il faut vivre riche. Il y a un moyen, je vous l'ai dit, et vous n'osez pas l'employer.

RAOUL. —Ah ! Pauline, taisez-vous.

PAULINE.— Avez-vous une autre ressource ?

RAOUL.— Mais, ce que vous voulez que je fasse, c'est un crime ! c'est une infamie !

PAULINE. — Et croyez-vous donc que ce ne soit pas un crime et une infamie de laisser périr de faim, de misère et de désespoir, une pauvre femme qui vous a tout sacrifié !

RAOUL.— Ah ! Pauline, ne me parlez pas ainsi.

PAULINE. — Je ne vous ai pas parlé ainsi tant que je l'ai pu, mais attendez le jour, et vous verrez arriver vingt créanciers d'une insolence toujours croissante ; vous verrez la servante venir demander vos ordres et de l'argent pour le déjeuner.

RAOUL. — A qui pourrais-je emprunter quelques louis ?

PAULINE. — Nous avons fatigué tous nos amis. D'ailleurs, à quoi nous serviraient ces quelques louis ? Serions-nous plus avancés dans trois ou quatre jours, quand ils seraient dépensés ?

RAOUL. — Si je pouvais subvenir aux besoins du moment, je travaillerais, quand je devrais faire des commissions ?

PAULINE.— Bel avenir pour me consoler du présent !

RAOUL. — N'avons-nous donc plus rien à vendre ni à engager ?

PAULINE. — Rien du tout.

RAOUL. — Mais que faire, mon Dieu ?

PAULINE. — Je vous l'ai dit.

RAOUL. — Mais savez-vous ce que vous voulez que je fasse, Pauline ? Un faux testament ! Mais, malheureuse femme ! pensez donc que ma vie entière sera vouée à l'infamie, que l'on me mettra aux galères ! Ah ! mon Dieu !

PAULINE. — Les galères sont-elles plus cruelles que la vie que nous menons ? Et d'ailleurs, pour un joueur, vous n'êtes guère résolu. Je vous propose de jouer un grand coup ; si nous perdons, nous nous tuerons ensemble. Si nous ne jouons pas le coup, nous le perdons ; car, sans cet espoir, il y a longtemps que je me serais jetée à l'eau ou précipitée par la fenêtre ?

RAOUL. — Mais quand je voudrais le faire, comment le pourrais-je ?

PAULINE. — Je me charge de tout. Pendant que vous vous efforciez de ressaisir quelques branches pourries, moi je passais les jours et les nuits à l'exécution de mon projet. Tenez, regardez cette lettre de votre oncle.

RAOUL. — C'est celle qu'il m'a écrite il y a quatre mois, trois mois et demi avant sa mort, pour me refuser un billet de mille francs.

PAULINE. — Eh bien ! et celle-ci ?

RAOUL. — Mais c'est la même !

PAULINE. — Il y en a une vraie et une fausse, distinguez-les !

RAOUL. — Mais c'est effrayant !

PAULINE. — Au contraire, cela doit vous rassurer. Longtemps avant sa mort, j'ai mûri mon projet. Vous aviez un oncle riche, il faut en hériter. J'ai travaillé assidûment. Maintenant, je n'ai pas besoin de copier son écriture : je me la suis rendue mienne. Naturellement j'écris avec son écriture, sans hésitation, sans imitation. On a levé les scellés hier. Vous ne savez que trop le contenu du testament réel : vous n'avez rien. Il faut vous présenter avec un autre testament. Il est tout fait : le voici, entièrement écrit de la main du testateur. Quatre cent mille francs.

RAOUL. — Non, Pauline.

PAULINE. — Je ne vous ferai plus le tableau de ce que je vous ai sacrifié, de ce que j'ai souffert pour vous ; mais je ne vivrai pas dans la misère, je ne lutterai pas contre la faim. Il faut vous décider, car, moi, je le suis. Dites-moi non encore une fois, et je me jette par la fenêtre. Il ne faut qu'un instant pour être brisée sur le pavé et ne plus souffrir.

Elle ouvrit à ces mots brusquement une fenêtre, Raoul se précipita à ses genoux, et, les tenant embrassés :
— Pauline ! Pauline ! disait-il en sanglotant, ne me fais plus cette horrible menace, car je t'obéirais !

Pauline le releva, le serra dans ses bras, le couvrit de caresses, en cherchant par momens d'un œil scrutateur, sur la physionomie de son amant, les progrès qu'elle faisait sur ses irrésolutions.

L'âme de feu Bressier vit bien qu'il allait céder ; elle s'enfuit.

Quatre mois plus tard, Pauline et Raoul étaient sur les bancs de la cour d'assises, et un jeune procureur du roi, à la fin de son réquisitoire, s'écria :

« Mais, messieurs, si j'ai appelé toute votre sévérité sur le coupable auteur de cette audacieuse tentative, il est un être sur lequel j'appellerai maintenant, non pas votre indulgence, mais votre justice, car l'indulgence ne sera que de la justice.

» Une malheureuse femme, cédant à l'ascendant que l'accusé a su prendre sur elle, habituée à n'avoir d'autres volontés que celles de l'homme qui l'avait entraînée et séduite, s'est, par ignorance, mêlée à ce scandaleux procès. Punissez la main, mais ne punissez pas l'instrument innocent. La complicité de Pauline n'est qu'un crime de plus qui pèse sur la tête de Raoul. »

Raoul fut condamné à cinq ans de travaux forcés. Il s'étrangla dans la prison.

Pour Pauline, elle est aujourd'hui la maîtresse du jeune magistrat.

XXXVIII bis.

DANS UN ESCALIER.

Les pieds nus, respirant à peine, un jeune homme de dix-sept ans monte sans bruit les marches du dernier étage de la maison.

Il est à l'âge où s'épanouissent toutes les belles fleurs de la vie, son cœur est plein d'amour ; mais de cet amour qui élève et qui grandit, de cet amour qui est une religion ; il est beau et spirituel. Mais les femmes qu'il connaît lui préfèrent les hommes usés, qui ne savent plus que réciter l'amour ; ce premier amour est dédaigné par les femmes du monde et abandonné aux servantes et aux cuisinières.

Il monte près de la femme de chambre de sa mère ; voilà deux heures déjà qu'il a employées à se décider à monter ; mais arrivé auprès de la porte, sa respiration est tellement entrecoupée, son cœur bat si fort, qu'il en entend le bruit. Il frappe, et il voudrait n'avoir pas frappé ; on ne répond pas, et il frappe encore ; on demande qui est là, mais il n'a plus de voix pour répondre ; il redescend plus douloureusement encore qu'il n'est monté, il retourne s'enfermer dans sa chambre. Il remet au lendemain son audacieuse tentative.

XXXIX.

L'âme de feu Bressier aperçut de la lumière à une fenêtre d'une petite maison isolée.

Une grande jeune fille n'était pas couchée et travaillait à la lueur d'une lampe ; mais elle était distraite et s'arrêtait de temps à autre pour écouter quelque bruit de pas éloignés.

Tout à coup elle se leva de sa chaise en disant : Ah ! mon Dieu ! j'oubliais ! et il aurait encore jappé comme avant-hier.

Elle descendit dans une petite cour, et appela Turc.

Turc était un beau chien d'arrêt dont le vieux père d'Almodie faisait ses délices. C'était grâce à Turc qu'il rentrait toujours au logis la carnassière bien garnie ; c'était aussi la sûreté de la maison.

Turc vint en remuant la queue à la voix bien connue d'Almodie, et se mit à sauter autour d'elle pour la lécher ; mais Almodie, froidement, lui donna un morceau de viande qu'elle avait apporté. Turc l'avala avec avidité ; mais au bout de quelques instans il fut saisi d'un tremblement convulsif, il fléchit sur ses pattes, tomba, se releva, et vint en rampant jusque sur les pieds d'Almodie en la regardant tristement, comme pour lui demander secours. Il se remit à trembler, poussa un gémissement sourd, et tomba sur le flanc. Là, il se débattit quelques instans et mourut.

Almodie le repoussa du pied et écouta. Trois coups dans les mains, c'est bien là le signal convenu. Elle alla ouvrir.

Mais l'âme de feu Bressier s'enfuit indignée.

————

XL.

Un jour, des vapeurs grises s'élevèrent tout à coup à l'horizon, un tonnerre lointain roula de sombres menaces, des nuages chassés par un vent violent rasèrent les arbres et les maisons ; l'âme de feu Bressier s'amusa à se laisser emporter au hasard par un de ces nuages. Les nuages vont vite, je ne sais où elle serait allée si le nuage n'avait fini par crever en pluie sur une toute petite ville de je ne sais quel pays. Toujours est-il que c'était une ville fort perplexe et fort occupée : elle était alors en guerre avec une autre ville tout aussi petite, située à quatre ou cinq lieues de distance. Les historiens assignaient plusieurs causes à cette guerre qui durait depuis fort longtemps. Je me suis livré à plusieurs recherches à ce sujet.

L'un des historiens de la petite ville de Nihilbourg commence ainsi, dans le genre de Tacite, qui dit : *Urbem Romam a principio reges habuére :* « Dieu créa de rien le ciel et la terre. »

Puis après avoir raconté le crime des hommes et le déluge, cette grande lessive si peu réussie, il explique comment les fils de Noé repeuplèrent les différentes parties de la terre, par suite de quoi et de beaucoup de circonstances diverses que je ne vous raconterai pas, la petite ville de Nihilbourg se trouve aujourd'hui se composer de deux cent soixante habitans.

Tant de ce que j'ai trouvé dans cet historien un peu diffus, il faut l'avouer, que des traditions du pays, il résulte que les premières querelles entre les deux villes eurent pour sujet un orme placé sur la limite des deux États, et que chacun des deux prétendait lui appartenir.

Cette querelle fut apaisée par une idée ingénieuse d'un des princes de Nihilbourg. Après de longues et cruelles guerres, il proposa, ce qui fut accepté, de faire avec le vieil orme un feu de joie autour duquel dansèrent les habitans des deux pays.

Il faut dire que les historiens de l'autre ville prétendent que c'est au contraire un duc de Microbourg qui eut l'idée en question. Ils reportent ladite idée à l'an 1645, et la chose se trouve consignée ainsi dans les annales de Microbourg.

1492. Ludwig, duc régnant, invente une nouvelle manière de faire la tarte aux prunes, l'année où Christophe Colomb découvre l'Amérique. Il règne, entouré de la vénération publique et de l'amour de ses sujets, jusqu'en 1517.

1517. Maximilien remporte de nombreuses victoires sur les habitans de Nihilbourg, meurt couvert de gloire en 1540.

1540. Vilhelm. Il avait un gros ventre.

1580. Ludwig II. Ce règne est considéré à juste titre par les écrivains politiques comme la continuation du précédent.

1624. Ludwig III conquiert sur les Nihilbourgeois vingt-sept bottes de foin et un cochon gras.

1645. Vilhelm II. Sous son règne, on brûle l'orme qui faisait le sujet de la guerre entre les deux pays.

De leur côté, les habitans de Nihilbourg prétendent, avec une apparence de raison, que cette phrase ne veut pas dire que c'est le duc Vilhelm qui eut l'idée de brûler l'orme. L'historien dit simplement : *Sous son règne.*

En effet, on peut dire : Racine fit la comédie des *Plaideurs* sous le règne de Louis XIV. Ce n'est pas dire que l'auteur des *Plaideurs* soit Louis XIV.

Quoi qu'il en soit, l'orme brûlé, qui avait paru aux deux pays une magnifique idée, entraîna de nouveaux embarras. Il est vrai que, placé sur la limite de deux états, il servait de prétexte à des discussions ; mais, quand il n'exista plus, les limites se trouvèrent confondues, des empiétemens mutuels amenèrent de nouvelles guerres. Ainsi, on trouve dans les annales de Microbourg, dès l'année

1647 : Nouvelle guerre avec les Nihilbourgeois relativement à la récolte, indûment faite par eux, d'un demi-boisseau d'orge sur les terres de Microbourg.

Outre les causes politiques, différentes causes que la dignité de l'histoire passe sous silence, mais que la tradition conserve précieusement, entretenaient la mésintelligence entre les deux nations. Les Microbourgeoises avaient la réputation d'avoir la jambe extrêmement bien faite, et portaient des jupes fort courtes.

Les dames de Nihilbourg qui, au contraire, les portaient extrêmement longues, prétendaient ne pas savoir sur quoi était fondée cette réputation, et affirmaient que, si les convenances ne leur imposaient pas les jupes longues, si elles voulaient, comme les femmes de Microbourg, sacrifier la pudeur à une sotte vanité, elles pourraient montrer de quoi rabattre l'orgueil de ces dames, mais qu'il leur paraissait plus honorable pour elles qu'on dît : On ne sait pas comment sont les jambes des dames de Nihilbourg.

Elles ajoutaient que la réputation usurpée par les Microbourgeoises étaient achetée au prix d'une exhibition impudique, et que cette appréciation faite par le public de choses qui se doivent cacher, n'était, aux yeux des personnes sensées, qu'un monument immortel à la honte des femmes de Microbourg, loin qu'elles en dussent le moins du monde tirer vanité.

Plusieurs chansons avaient été faites, dans lesquelles les dames de Nihilbourg accusaient les femmes de Microbourg d'avoir des amans, à quoi celles-ci avaient répondu par des chansons où elles accusaient leurs rivales de n'en avoir pas.

En un mot, les choses s'étaient continuellement envenimées, et à l'époque où l'âme de feu Bressier tomba, avec la pluie, dans la ville de Nihilbourg, les deux pays étaient en guerre sérieuse. Plusieurs combats avaient eu lieu, dans lesquels chacun s'était attribué la victoire, mais où la seule chose qu'on pût raisonnablement affirmer était qu'on avait reçu de part et d'autres beaucoup de coups et de blessures.

Ce jour-là, c'était l'anniversaire du feu de joie fait avec l'orme litigieux. On célébrait dans les deux pays la *Fête de la Paix.*

La *Fête de la Paix,* dans les deux pays, commençait à l'heure où l'orme avait été frappé du premier coup de hache, et c'était encore un sujet de division entre les deux peuples. Les Nihilbourgeois assignaient à ce moment l'heure de cinq heures trois quarts, tandis que les habitans de Microbourg soutenaient que le coup avait été frappé à cinq heures et demie.

Pendant longtemps, de part et d'autre, on allait en procession à la place autrefois occupée par l'arbre ; mais au bout de quelque temps, on remarqua que chaque année, à l'occasion de la *Fête de la Paix,* il survenait quelques rixes, et que c'était notoirement le jour de l'année où il y avait le plus de têtes fendues et de bras cassés. La procession était donc tombée en désuétude.

La *Fête de la Paix,* commencée à Nihilbourg à cinq heures trois quarts, et à Microbourg à cinq heures et demie, durait toute la nuit. De part et d'autre on la passait à danser, à boire, à chanter ; mais les chansons, qui commençaient par parler d'amour, finissaient, au bout d'un certain nombre de pots de bière, par dire quelques mots du peuple rival, et il s'en fallait de beaucoup que ces mots fussent révérencieux.

Voici à peu près ce qu'on chantait à Microbourg le jour de la *Fête de la Paix* :

« Dansons gaiement sous les vieux arbres, avec nos filles aux jupes courtes et aux belles jambes. Les robes longues sont bonnes pour les femmes de Nihilbourg. Tout ce qui nous inquiète, c'est de savoir où elles trouvent assez d'étoffe pour cacher leurs grands vilains pieds.

» Qu'aucune fille jamais n'aime un garçon de Nihilbourg, car nos femmes doivent avoir des enfans braves, de bons Microbourgeois.

» Mais d'ailleurs, où est celui des Nihilbourgeois qui oserait venir au milieu de nous ?

» Garçons de Microbourg, avons-nous encore les bâtons avec lesquels nous leur avons fendu tant de têtes ?

» Hourra ! »

Et on finissait par des cris et des récits des victoires remportées sur les Nihilbourgeois.

A Nihilbourg, pendant ce temps, on chantait :

« Dansons gaiement sous les vieux arbres, avec nos filles sages aux longues robes, qui font qu'il n'y a que leur époux qui verra le bout de leurs pieds.

» Il est heureux que les Microbourgeoises n'aient de bien que la jambe, car elles se montreraient toutes nues.

» Qu'aucune fille jamais n'aime un garçon de Microbourg, car nos femmes doivent avoir des enfans braves, de bons Nihilbourgeois.

» Mais d'ailleurs, où est celui des Microbourgeois qui oserait venir au milieu de nous ?

» Garçons de Nihilbourg, avons-nous encore les bâtons avec lesquels nous leur avons fendu tant de têtes ?

» Hourra ! »

Et on finissait ici comme là-bas, par des cris et des récits de victoires remportées sur les Microbourgeois.

Ce jour-là, à Nihilbourg, c'était, comme je vous le disais tout à l'heure, la *Fête de la Paix*.

Le peuple était rassemblé dans le salon du prince régnant, Cédéric CXXVII, un de ces pauvres petits princes qui, numérotés comme les uns et les autres, semblent tenir le milieu entre les fiacres et les rois. En défalquant du nombre de deux cent soixante, auquel se montait la population de Nihilbourg, les femmes, les enfans et les vieillards, il restait à peu près quatre-vingts hommes en état de porter les armes. Il s'agissait d'une grande résolution.

Le prince exposa en beaucoup de mots que l'insolence des gens de Microbourg croissait de jour en jour, qu'il était temps d'y mettre un terme, qu'en ce moment ils étaient livrés à la joie, aux plaisirs, et surtout à la bière ; qu'il fallait, au milieu de la nuit, les aller surprendre, faire main-basse sur eux ; qu'on les trouverait ou endormis ou ivres-vevlis dans l'ivresse ; qu'on en aurait bon marché, et qu'ainsi finirait ce peuple sauvage, qui de tout temps avait mis des pages sanglantes dans les annales de Nihilbourg.

Cette proposition fut accueillie avec enthousiasme.

Le prince ajouta : Il faut donc s'abstenir de bière et de boissons enivrantes. Nous célébrerons demain pour la première fois une fête dont l'anniversaire remplacera la *Fête de l'Orme* : ce sera la *Fête de la Paix victorieuse*.

De nouveaux hourras accueillirent le prince, qui, animé par le succès, crut devoir ajouter qu'il fallait engraisser les guérets avec le sang des ennemis, ce à quoi personne ne trouva d'inconvéniens.

A dix heures du soir, on se mit en route. Je ne parlerai pas des larmes des mères, des femmes, des amantes. Je ne m'arrêterai un instant que sur le désespoir de la femme du prince Cédéric CXXVII. C'était elle qui avait conçu le projet d'attaquer ainsi à l'improviste la ville de Microbourg et l'avait suggéré à son mari ; mais, en le voyant partir pour des hasards périlleux, elle arrachait ses beaux cheveux, elle se frappait la poitrine, elle s'accusait d'être une épouse criminelle, une femme sans cœur, qui préférait la gloire de son époux même à sa conservation. Elle le suppliait d'abandonner une entreprise glorieuse, il est vrai, mais où sa précieuse vie était en danger. Elle fut si touchante, que le prince allait peut-être céder, quand elle ajouta :

— Je sais qu'après votre magnifique discours de tantôt vous serez déshonoré aux yeux de vos sujets, si vous ne mettez pas à fin l'entreprise commencée ; mais qu'est-ce qu'une vaine gloire ? Nous quitterons le palais et les grandeurs, nous irons nous cacher dans un désert, et là, au sein de la nature, nous vivrons de fruits et de laitage...

Le prince ne la laissa pas achever ; cette perspective avait peu de charmes pour son imagination, et il était résigné à se couvrir de gloire. Il embrassa tendrement la princesse et s'arracha de ses bras.

L'âme de feu Bressier resta auprès de la princesse.

En partant, tout le monde voulait être aux premiers rangs. Au bout de deux lieues, il se mit un peu de discipline dans l'armée, et chacun consentit à rester à sa place. Quand on fut à une demi-lieue de Microbourg, on marcha un peu moins vite ; à un quart de lieue, on s'arrêta et on tint conseil : quelques-uns alors pensèrent que l'entreprise était grave et périlleuse. Deux ou trois conseillèrent de retourner à Nihilbourg ; plusieurs se contentèrent de le désirer, mais le plus grand nombre ne put trouver le courage d'avouer sa peur ; il fut cependant décidé qu'on agirait avec prudence ; que si, par hasard, les Microbourgeois étaient sur leurs gardes, l'affaire étant manquée, on se retirerait sans coup férir. On envoya quelques hommes à la découverte, puis on continua de marcher sur la ville ennemie, mais lentement et avec circonspection.

Le long de la route, il semblait que tous n'eussent qu'un cœur et qu'un esprit. On ne parlait que de la gloire ; on allait braver des dangers, mais conquérir de la gloire. Toutefois, en creusant un peu la pensée des personnages qui se servaient du même mot pour l'exprimer, vous eussiez trouvé des variantes assez curieuses.

EXEMPLES.

Je vais conquérir de la gloire ! — C'est-à-dire : Je sais à Microbourg, auprès de l'église, une petite boutique d'orfèvre sur laquelle j'espère bien faire main-basse.

UN AUTRE. — Je vais conquérir de la gloire ! — C'est-à-dire : Ce sera un grand hasard si je ne réussis pas dans la bagarre à emmener un bon cheval, pour remplacer le mien, que je laisse éclopé à la maison.

UN AUTRE. — Je vais conquérir de la gloire ! — C'est-à-dire : Je serai bien étonné si je reviens avec la mauvaise souquenille que j'ai sur le dos en ce moment.

UN AUTRE. — Je vais conquérir de la gloire ! — C'est-à-dire : Gare si je rencontre quelques belles filles chez les ennemis.

UN AUTRE. — Je vais conquérir de la gloire ! — C'est-à-dire ne pas oublier qu'il faut que je rapporte à Sophie des pendans d'oreilles en or.

Voici nos héros à quelques pas de la ville. Les éclaireurs reviennent dire qu'ils n'ont vu personne, et que la ville paraît endormie. Quelques sages font remarquer que c'est peut-être une ruse de leurs perfides ennemis, qu'il ne faut pas s'y fier, qu'il est encore temps de renoncer à une expédition imprudente ; qu'il suffirait pour humilier les Microbourgeois que le prince jetât son gant dans la ville en signe de défi.

En ce moment, le cheval du prince se défend ; le prince, qui n'a jamais été bon écuyer, veut le retenir, se met en colère, et lui donne un double coup d'éperon. Le cheval se cabre ; le prince rend la main, le cheval part au galop et entre dans la ville : on le suit en blâmant sa folle témérité.

Le cheval s'arrête tout à coup en face d'une maison qui

lui barre le chemin. Le prince, qui s'est de son mieux retenu aux crins, descend et l'attache à un poteau. Les Nihilbourgeois se pressent autour de leur chef. Le bruit que le cheval a fait dans la ville doit avoir réveillé leurs ennemis.

Mais comment se fait-il qu'on n'ait encore vu personne? Pas un factionnaire, pas un cri d'alarme. Les habitans sont-ils ensevelis dans l'ivresse à ce point miraculeux? Deux soldats viennent dire qu'ils ont enfoncé une boutique, et qu'il n'ont trouvé dedans qu'une vieille femme qui s'est mise à genoux et qui leur a demandé grâce. Dans une seconde, on n'a trouvé qu'une femme avec deux enfans et une servante. On les interroge. Leurs réponses et de nouvelles épreuves faites sur d'autres habitations établissent ce fait singulier, qu'il n'y a pas un seul homme visible dans dans toute la ville de Microbourg. On fouille les maisons, toutes sont de même; les lâches guerriers de Microbourg ont pris la fuite; chacun des soldats nihilbourgeois se couvre de gloire à sa manière.

On met les maisons au pillage, on brûle une ou deux bicoques, on se livre à toutes les atrocités d'usage en pareil cas; mais bientôt Cédéric donne le signal de la retraite. On se rassemble sur la grande place de Microbourg; chacun amène sa part de butin dont on a chargé les ânes et les chevaux qu'on a pu trouver. Les femmes et les enfans, réunis en troupe, sont emmenés malgré leurs prières et leurs larmes.

La troupe victorieuse se remet en marche.

Le prince, entouré de ses fidèles conseillers, se demande ce que sont devenus les soldats de Microbourg. Pour les soldats nihilbourgeois, chacun raconte ses hauts faits, il y en a déjà quarante-trois qui sont entrés le premier dans la ville ennemie.

Ils s'expliquent tranquillement l'absence des Microbourgeois par la terreur qu'ils inspirent. Ils ont parfaitement oublié celle qu'ils ressentaient quelques heures auparavant.

Cependant par l'ordre du prince on prend des chemins détournés; on met un peu plus de temps qu'il ne faut pour rentrer à Nihilbourg, mais on évite les fâcheuses rencontres.

On entend tout à coup un bruit de pas et de voix dans le lointain. Le prince donne l'ordre d'appuyer sur la droite pour s'éloigner de ce bruit. On doit être près de la ville; on rentrera dans la ville par la porte de derrière. Mais est-ce le jour déjà? Comme le ciel est rouge! Jamais on n'a vu une aurore aussi éclatante; ce ne peut être l'aurore, car cette lueur est dans la direction de Nihilbourg, et Nihilbourg est à l'ouest. On avance un peu plus vite. Ah mon Dieu! des flammes se font voir distinctement. Le feu est à la ville de Nihilbourg! On laisse les prisonniers et le butin à la garde d'un tiers de la troupe, le reste se précipite en avant.

Comment se fait-il qu'on n'entende pas des cris? Les femmes et les enfans n'ont donc pas été réveillés par cet affreux accident! On s'empresse, on éteint le feu de deux maisons embrasées; une troisième est tellement enveloppée par les flammes, qu'il n'y a rien à faire ni même à essayer.

On n'a trouvé personne dans les deux maisons sauvées. Les femmes et les enfans qui les habitaient ont-ils péri dans les flammes, ou se sont-ils sauvés dans quelque autre habitation?

Le jour commence à poindre; le butin et les prisonniers arrivent avec leur escorte; les vainqueurs entonnent des chants guerriers. Personne ne sort des maisons; on renferme provisoirement les prisonniers dans les deux maisons abandonnées, et on y place des sentinelles.

Chacun alors s'empresse de rentrer chez lui avec sa part de butin, le prince Cédéric comme les autres. Mais quel n'est pas l'étonnement du prince lorsqu'il ne trouve chez lui aucune des femmes de la princesse Frédérique! Il se hâte d'entrer dans l'appartement de la princesse; elle n'y est pas!... Il est effrayé du désordre qui y règne, des meubles brisés, des portes enfoncées; le palais a été pillé! Le prince, accablé, veut s'asseoir, il ne reste pas une chaise.

Le prince n'est pas le seul qui trouve chez lui un pareil sujet d'étonnement et de douleur. Chacun de ses sujets trouve sa maison scrupuleusement déménagée; il n'y a plus ni un meuble, ni une femme, ni un enfant, ni un vieillard dans Nihilbourg.

On se rassemble en tumulte sur la place; le prince harangue ses sujets. Tout porte à croire qu'un perfide ennemi a lâchement abusé des ombres de la nuit pour s'introduire dans la ville et se livrer, au mépris du droit des gens, à toutes les horreurs dont est capable une soldatesque effrénée.

On accable les Microbourgeois de malédictions; on s'étonne que le ciel laisse impunis des brigands pareils.

XLI.

On ne s'étonnait pas moins au même instant à Microbourg que le ciel ne se fît pas un devoir et un plaisir de foudroyer les scélérats Nihilbourgeois.

Le même jour de la Fête de la Paix, les Microbourgeois avaient eu, comme ceux de Nihilbourg, l'idée qu'il serait facile de surprendre leurs voisins et ennemis à la faveur de la fête et des fumées du vin. Ils s'étaient donc mis en chemin en prenant des routes inusitées; ils avaient eu les mêmes hésitations, les mêmes frayeurs, les mêmes succès que les Nihilbourgeois; ils avaient, comme eux, emmené et emporté tout ce qu'ils avaient trouvé dans la ville; comme eux, ils avaient, au retour, trouvé leur propre ville vide et en flammes. Comme eux, ils maudissaient leurs ennemis, se plaignaient de leur perfidie, et essayaient de faire croire à Dieu qu'il était engagé d'honneur à les venger.

Le duc Ernest avait été plus heureux que son ennemi Cédéric CXXVII; il avait trouvé dans le palais du prince la belle Frédérique, et il l'avait emmenée, malgré ses larmes et ses prières.

Constatons ici que beaucoup de poètes et de prosateurs ont dit que la beauté en larmes était plus belle de moitié. Je déclare que je suis d'un avis opposé lorsque les femmes pleurent tout de bon.

Les deux nations sentirent le besoin d'entrer en pourparler. On convint qu'on rendrait chacun ce qu'on avait pris, et qu'ainsi de l'expédition il ne resterait que la gloire, et que ce coup fourré serait considéré comme non avenu.

Les conventions faites, il fallut procéder à l'exécution. On commença à échanger par restitution l'or et l'argent, puis les meubles, puis les bestiaux, puis on arriva à la partie de l'échange la plus délicate et la plus inquiétante; il fallait rendre et reprendre les femmes.

De part et d'autre, on avait un peu violé, comme il est d'usage, au moment du sac de la ville.

De part et d'autre, on avait plus tard abusé de l'influence d'un vainqueur et d'un maître sur des vaincus et des esclaves.

Aussi chacun, en rappelant les avanies qu'il avait fait souffrir à l'honneur conjugal de ses voisins et ennemis, ne pouvait s'empêcher de penser que sa propre femme était précisément dans la position où il tenait celle d'un ennemi. Cependant, malgré l'identité des situations, chacun se croyait plus beau et plus aimable que les autres hommes, chacun croyant avoir une femme qui lui était particulièrement attachée, espérait avoir évité pour sa part le sort qui n'avait guère épargné personne.

D'autre part, comme d'un accord unanime, à mesure que, par l'échange convenu, elles rentraient dans leur ménage, les Nihilbourgeoises et les Microbourgeoises affirmèrent, sans aucune exception, qu'elle n'avaient trouvé dans leurs ravisseurs que bons procédés, respects et courtoisie: toutes jurèrent qu'on ne leur avait pas touché le bout du doigt: ce qui fit que les Nihilbourgeois et les Microbourgeois commencèrent par se réjouir fort et rendre grâces au ciel.

Puis, un peu après, les Nihilbourgeois entre eux ne se

gênaient pas pour dire que les Microbourgeois étaient bien timides, bien vertueux et bien niais.

Les Microbourgeois, de leur côté, disaient : Ces pauvres Nihilbourgeois sont vraiment les plus honnêtes gens du monde. C'est plaisir de leur donner des femmes à garder ! Et ils riaient de leur air le plus malin.

Cependant, si chacun, habitant de Nihilbourg ou de Microbourg, se croyait particulièrement favorisé du ciel, et ajoutait une foi entière aux récits de sa femme sur les égards respectueux dont elle avait été l'objet, chacun, en même temps, ne laissait pas de rire tout bas de la crédulité de ses voisins, qui croyaient bonnement que les ennemis avaient respecté leurs femmes captives.

Mais, au milieu de tout cela, le prince Céderic CXXVII était le plus malheureux des hommes. Le duc Ernest était un adroit politique et un diplomate astucieux. C'était lui qui avait fait mettre dans le traité d'échange l'ordre d'après lequel devaient s'opérer les restitutions mutuelles. En sa qualité de célibataire, il avait opiné que ce que chacun avait de plus précieux, c'était sa femme. Or, le jeune duc, par suite de sa position, ne connaissait que les femmes des autres, et c'est en effet, au dire des connaisseurs, quelque chose de bien charmant que la femme d'un autre.

Partant de ce principe, que par respect humain les gens mariés n'avaient osé nier, que ce que chacun avait perdu de plus précieux dans le pillage était sa femme, par une conséquence logique, le duc avait fait admettre que ce serait la dernière chose qu'on restituerait de côté et d'autre, parce que ce serait pour chacun une garantie et un gage de la fidélité qui serait apportée dans les restitutions préalables d'argent, de meubles et de bestiaux. Malheureusement, les grandes choses n'ont été inventées que pour cacher les petites, et, sous les raisons politiques mises en avant par le duc Ernest, l'observateur philosophe est forcé de chercher et de trouver quelque intérêt purement personnel.

Le duc Ernest n'avait pu rester insensible aux charmes de la princesse Frédérique, qui était une des plus belles personnes qu'il fût possible de voir. Il l'avait d'abord traitée avec les égards les plus exquis, il n'avait pas caché l'impression qu'il ressentait, mais il avait montré qu'il ne voulait rien devoir au malheur de la princesse ; que dans leur situation réciproque, lui avec son sabre, elle avec sa beauté, c'était lui qui était vaincu, et il se comportait comme s'il le pensait réellement : c'étaient des soumissions et des respects inouïs, c'était une adoration extatique, un amour d'autant plus humble et timide que l'objet qui l'inspirait pouvait se croire dans la puissance du vainqueur. Elle voyait clairement que le duc Ernest, par une rare et exquise délicatesse, n'osait rien demander, précisément parce qu'il pouvait tout prendre. Le duc, d'autre part, était d'une belle et noble figure, il était jeune et bien fait, et, au bout de quelque temps, Frédérique, touchée malgré elle de tant de grâces, d'amour et de respect, se surprenait à penser que, résolue comme elle était à ne pas manquer volontairement à ses devoirs, c'était réellement dommage que le duc, dans le moment du pillage et de l'enivrement du triomphe, ne l'eût pas un peu violée, comme cela est arrivé à des femmes de très-bonne maison en pareilles circonstances.

Quand une femme commence à appeler *devoir* la fidélité qu'elle doit à son mari, c'est qu'elle est déjà sur une pente rapide qu'elle est destinée à parcourir jusqu'au bout.

En attendant, le prince Céderic CXXVII redemandait sa femme avec d'autant plus d'instances qu'il n'avait pu, en échange, prendre celle du duc, par la raison péremptoire que nous avons mentionnée plus haut, que le duc n'en avait pas. Le duc trouvait toutes sortes de prétextes pour retarder la restitution de madame Frédérique : c'était, il l'avouait hautement, l'otage le plus précieux que la victoire eût mis entre ses mains ; c'était pour lui un devoir de ne s'en dessaisir que lorsque ses sujets auraient été complétement satisfaits sous le rapport des restitutions qu'ils avaient à prétendre, et il y avait toujours quelqu'un qui

avait à élever quelque réclamation. Et si, de son côté, le désolé Céderic CXXVII ordonnait à ses sujets, avec les menaces les plus formidables, d'avoir à restituer jusqu'à la moindre et la plus insignifiante chose qui eût appartenu au dernier et au plus infime des habitans de Microbourg ; du sien, l'heureux, ou près de l'être, Ernest proclamait que, esclave de ses devoirs envers le peuple de Microbourg, que lui avait confié la Providence, il poursuivrait jusqu'à la fin le restitution mutuelle convenue entre les deux états ; et, pour se mettre à même de ne pas manquer à ces devoirs sacrés, il offrait une récompense de cent florins à tout Microbourgeois qui le chargerait d'une nouvelle réclamation contre la ville de Nihilbourg. A cette nouvelle qui élevait un clou rouillé, une épingle épointée, à la valeur de cent florins, il tomba une averse de réclamations saugrenues. Tel réclama une dent de sept ans d'un de ses enfans qu'il avait conservée autrefois et n'avait pas retrouvée après le pillage ; tel autre, une boucle de cheveux, gage d'un ancien amour ; tel autre, une paire de bretelles brodées par un objet chéri ; toutes choses n'ayant pas de prix dans les deux acceptions du mot.

Ces réclamations furent transmises au prince Céderic, qui ordonna, sous les peines les plus sévères, que les objets réclamés fussent immédiatement rendus. Les conseillers du prince lui objectèrent dans une respectueuse remontrance :

1° Que la dent redemandée n'avait pu être prise ni conservée, attendu son peu de valeur ; mais l'un des conseillers offrait au prince une de ses molaires pour indemniser le réclamant, qui ne pourrait reconnaître celle qui était perdue, surtout si on enfermait celle qu'on lui rendait dans une boîte d'or ;

2° Que la paire de bretelles était usée ; mais qu'on en pouvait faire d'autres tellement magnifiques que le propriétaire n'hésiterait pas à les reconnaître pour siennes ; que, sous le rapport de l'objet chéri, on les ferait broder facilement par un objet à chérir, ce qui ferait un échange avantageux pour le Microbourgeois réclamant ;

3° Au sujet de la boucle de cheveux, les conseillers confessaient humblement qu'ils étaient assez embarrassés, ignorant même de quelle couleur étaient les cheveux égarés. Ils proposaient au prince de faire faire une enquête à Microbourg, pour retrouver la personne qui avait donné la boucle de cheveux.

L'infortuné Céderic approuva ses conseillers et les supplia de se hâter. Seul dans son palais, quelquefois il se rappelait tous les exemples d'épouses perfides que nous a transmis l'histoire, et il frémissait en énumérant les dangers auxquels était exposée madame Frédérique. D'autres fois, l'esprit mieux disposé, il récapitulait les femmes héroïquement fidèles dont on a gardé le souvenir, et il se sentait un peu encouragé. Puis il frémissait en songeant què la plupart de ces exemples étaient empruntés à la mythologie. Par momens, il se représentait le duc Ernest comme un vainqueur charmant, puis il se consolait en se disant : — Vainqueur, comme tout le monde, car, dans cette affaire, tout le monde a été vaincu. — Mais il n'était pas persuadé que madame Frédérique songeait à faire cette distinction, qui était un peu subtile, et avait un peu l'air de couper un cheveu en quatre dans sa longueur. Il redoutait que la princesse ne le trouvât toujours assez vainqueur, si, par malheur, elle le trouvait charmant.

Pendant ce temps, les conseillers ayant compassion des chagrins de leur prince, usaient de diligence pour obéir aux exigences du duc de Microbourg. On avait rendu les choses plus ou moins perdues réclamées par les habitans plus ou moins probes, tant que cela pouvait se faire avec de l'argent. Tel avait perdu un âne, qui pleurait et surtout redemandait un cheval. Il fallait céder sur tous les points, parce que le duc Ernest affirmait que, malgré sa répugnance à user de rigueur, il ne rendrait pas la princesse tant que le moindre de ses sujets aurait à se plaindre de la moindre lésion. La dent et les bretelles avaient été parfaitement reconnues et acceptées.

On retrouva la beauté qui avait autrefois donné une boucle de ses cheveux ; elle était devenue ouvreuse de loges au théâtre de Microbourg ; mais elle avait cinquante-trois ans, et ses cheveux était complétement blancs. On lui demanda de quelle couleur précisément avaient été ses cheveux. Elle répondit qu'elle avait eu les cheveux de deux couleurs avant la troisième, qui était la couleur actuelle : d'abord d'un certain blond clair ; ensuite d'un autre certain blond un peu plus foncé.

On lui demanda de quel blond ils étaient quand elle en avait donné une boucle à un homme qu'elle avait aimé. Elle répondit qu'elle avait donné plusieurs boucles des deux couleurs à plusieurs hommes qu'elle avait aimés. On lui désigna alors l'heureux mortel. Elle rassembla ses souvenirs et dit : — C'est de ma première couleur.

— Donc, dit un des conseillers, c'était blond clair ? J'ai précisément une fille qui a les cheveux blond clair.

— Mais, dit la vieille, je vous ai expliqué que c'était d'un certain blond clair, et, en effet, je n'ai jamais vu depuis des cheveux de la nuance des miens. C'est une nuance que la nature paraît avoir perdue, comme on dit que les peintres ont perdu l'ancien rouge des vitraux et l'ancien bleu des enluminures des missels.

— Comment faire ? demanda le conseiller.

A force de réfléchir, on convint de donner dix florins par jour à la vieille pour qu'elle cherchât des cheveux de la nuance précise qu'avaient eue les siens. La vieille se mit d'abord à chercher ; mais comme elle avait de la finesse dans l'esprit, elle fit le raisonnement que voici : Voici trois jours que je cherche à dix florins par jour, et que je ne trouve pas; si j'avais trouvé aujourd'hui, je ne chercherais pas demain, et demain je ne recevrais pas dix florins. On me paye pour que je cherche et non pour que je trouve ; mais, à force de chercher, il n'est pas impossible qu'on finisse par trouver, un jour ou un autre. Chercher et ne pas trouver, c'est comme si on ne cherchait pas; donc, je puis, sans trop mentir à ma conscience, ne pas chercher du tout; ce sera plus sûr.

Au bout d'un mois, le conseiller se douta de la chose.

Au moment où le prince Céderic CXXVII se désolait tout à fait, car sa femme, en la supposant fidèle, avait alors dépassé toutes les limites des fidélités historiques connues, il ne savait plus que Pénélope qu'elle pût prendre pour modèle, et Pénélope a été inventée par Homère, et des savans ont fait plusieurs gros livres dans lesquels ils prouvent qu'Homère n'a jamais existé : de sorte qu'entre les choses qui n'ont pas existé, Pénélope a droit au premier rang sans aucune contestation possible. Pénélope imaginée par un homme inventé par on ne sait qui !

Le conseiller dit à la vieille : Je vous donnais dix florins par jour pour chercher des cheveux qui fussent précisément de la couleur des vôtres (première nuance) ; je supprime les dix florins, mais je vous en donnerai cent quand vous les aurez trouvés. La vieille trouve le conseiller un homme astucieux et perfide, et se dit : Il ne faut jamais avoir affaire à des diplomates, on est toujours dupée. Et elle coupa une touffe de poils à chatte café au lait qu'elle possédait, contre laquelle touffe de poils elle reçut cent florins.

Le conseiller se douta de la tromperie ; c'était un homme qui avait été jeune. Contrairement à beaucoup d'autres que je pourrais citer, il avait reçu dans sa vie beaucoup de boucles de cheveux ; il n'en avait jamais eu de cette finesse. Mais il s'avisa d'un moyen analogue à celui qu'il avait employé pour la dent et pour les bretelles, et il fut honteux de n'y avoir pas pensé plus tôt. Il envoya la touffe de poils isabelle dans une boîte d'or, par une belle jeune fille qui avait les cheveux noirs, en faisant dire au Microbourgeois qu'il pouvait garder la boucle, la boîte et la fille.

Le vieux conseiller montra, selon les connaisseurs, un grand discernement dans le choix de la fille chargée de la boîte ; il avait remarqué dans sa jeunesse qu'après la femme qu'on aime le plus au monde, ou plutôt à côté de la femme qu'on aime le plus au monde, quelques-uns nous disent avant la femme qu'on aime le plus au monde, celle qui a le plus de chances de vous séduire n'est pas une femme qui lui ressemble, mais celle au contraire qui lui ressemble le moins.

Le Microbourgeois reconnut la boucle de cheveux. On réclama la restitution de madame Frédérique.

Le duc Ernest demanda à sa prisonnière la permission de la voir un instant. Il lui fit l'aveu des ruses qu'il avait employées pour la retenir; il ne lui cacha pas que ses dernières exigences lui avaient paru à lui-même souverainement ridicules, et que même, en fait de choses ridicules, il était complétement à bout ; que cependant il avait trouvé un moyen encore, qui c'était de jeter dans la rivière une émeraude d'une rare beauté, qui composait à elle seule toutes les pierreries de la couronne de Microbourg, et de la réclamer au prince Céderic, étant persuadé qu'il serait encore plus difficile d'en trouver une semblable que de retrouver la même.

En disant ces paroles, il montra l'émeraude à la princesse, qui ne put s'empêcher de dire que ce serait dommage.

— Et que me font les pierreries, que me fait la puissance, à quoi me sert la vie, si je dois vous perdre? s'écria l'amoureux Ernest. Qui me délivrera de mes chaînes quand j'aurai brisé les vôtres? ajouta-t-il.

J'ai lieu de croire qu'il avait trouvé cette phrase sur une devise de bonbon. Néanmoins cela toucha la princesse. Il y a un certain nombre de sottes phrases que dédaignent les gens trop délicats et qui rapportent gros aux imbéciles.

La princesse déplora beaucoup sa captivité, et lui dit que puisqu'il l'aimait si fort, il devait lui en donner une preuve irrécusable en la rendant au prince son époux.

La conversation se prolongea fort ; je me contenterai de vous en dire le résultat. Ce fut que le duc finit par déclarer positivement à madame Frédérique qu'il n'y avait que lui seul qui pût payer sa rançon. Madame Frédérique jette les hauts cris ; mais, comme le duc lui plaisait, elle finit par profiter de ce qu'il employait une violence morale qui lui permettait de se dire à elle-même qu'elle n'avait cédé qu'à la force. C'était d'ailleurs le seul moyen de retourner à Nihilbourg se livrer derechef à l'exercice habituel de toutes les vertus conjugales ; en bon raisonnement, ne valait-il pas mieux le suspendre un moment que d'y renoncer à tout jamais ?

L'émeraude resta entre les mains de la princesse. Elle est encore aujourd'hui conservée précieusement dans le trésor des princes à Nihilbourg. Je suis fâché d'avoir à leur dire qu'elle est fausse.

Le prince Céderic CXXVII fit à sa femme de nombreuses questions auxquelles elle répondit de la manière la plus satisfaisante, mais néanmoins il fut guéri à jamais de l'amour des conquêtes, et la fin de son règne fut complétement pacifique.

Pour l'âme de feu Bressier, elle s'était envolée au moment où la princesse, cédant à la nécessité, faisait une variante à la phrase de Brennus, et disait à mi-voix en soupirant :— Bonheur aux vaincus ;— soit que l'âme ne voulût pas naître d'un adultère, soit qu'elle ait redouté d'habiter un corps qui héritât, comme cela est fréquent, des cheveux du duc Ernest, lesquels cheveux étaient couleur capucine.

XLII.

Toutes ces épreuves avaient pris un temps plus long que nous n'avons pu le dire, à cause du soin que nous avons eu de supprimer autant que possible le récit des choses insignifiantes qu'eut à subir l'âme de feu Bressier dans les diverses épreuves qu'elle tenta pour trouver des gens dont elle voulût bien habiter. La vie réelle ressemble à un champ labouré qu'on parcourrait en travers des sillons ; on fait un pas sur l'élévation du sillon, et un pas dans le creux qui est entre deux. Le récit, au contraire, vous fait marcher seulement sur les aspérités, en supprimant le pas intermédiaire.

Toujours est-il que le 2 de mai arriva, que l'âme de feu Bressier ressentit, comme une année auparavant, les douces exhalaisons du printemps, et que, précisément au moment où finissait le temps pendant lequel elle pouvait reprendre un corps, au moment où elle atteignait l'époque où elle était, d'après les lois immuables de la nature, obligée d'aller se purifier et se confondre dans l'océan de vie et de lumière; à ce moment, dis-je, dans cet air imprégné de parfums, de jeunesse, d'amour, jamais elle n'avait autant désiré vivre, jamais elle n'avait eu tant à demander à la vie, jamais elle n'avait eu tant de croyances et de désirs.

Elle vit avec effroi qu'il ne lui restait plus que quelques heures pour faire un choix, pour recevoir une nouvelle vie entre des lèvres amoureuses, ou remonter au ciel et s'abîmer dans le soleil. Alors elle voltigeait dans l'atmosphère épaissie d'une grande ville. Elle avait vu, de haut, les fenêtres des maisons s'allumer successivement, comme des constellations terrestres, puis elle les vit éteindre une à une comme les étoiles s'éteignent aux premières lueurs du jour. La ville se plongeait dans le sommeil et le mystère. L'âme de feu Bressier songea que c'était la dernière nuit qu'elle eût à passer sur la terre. Elle songea aussi que cette grande ville était pleine d'amans et d'amours ; dans chacune de ces chambres dont la fenêtre s'éteignait, *on s'aimait et on se le disait* à l'ombre de la nuit et du mystère, et haletante, désespérée, voyant avec terreur chaque seconde passer, elle se mit à courir de maison en maison, de chambre en chambre, écoutant tous les soupirs, entr'ouvrant tous les rideaux.

Ici une prostituée, l'objet du mépris et de l'horreur universels, se vendait, parce qu'elle n'avait pas mangé, à un homme qui l'achetait parce qu'il avait trop bu.

Là une femme riche se vendait à un mari plus riche encore, qu'elle n'aimait pas, mais qui lui donnait des chevaux et une voiture.

Le monde l'entourait d'égards, le déshonneur à ses yeux ne consistant pas dans l'infamie, mais dans le bas prix auquel on la commet.

Une fille prenait un amant seulement pour l'enlever à une autre.

Celle-ci s'est compromise par coquetterie, et se donne par une sorte de probité singulière, et pour se débarrasser d'un homme qui l'obsède.

Toujours rebutée, toujours plus inquiète, toujours plus pressée, l'âme de feu Bressier, volant de chambre en chambre, trouve tour à tour :

Une femme du monde et un acteur jouant avec succès les rôles de niais dans le vaudeville.

Une jeune fille de dix-sept ans qui rêve, qui soupire, et qui serre entre ses bras son traversin qu'elle appelle Charles.

Sapho et une jeune Lesbienne. . . . .

Elle s'enfuit et trouve plus loin :

Une mère qui vend sa fille ;

Deux époux qui ronflent dos à dos ;

Une femme qui a choisi son amant parce que c'est un homme illustre, que tout le monde remarque, et qu'elle enlève aux autres ;

Une femme qui a choisi son amant parce que c'est un homme obscur, commun, que personne ne remarque, et que les autres ne lui enlèveront pas ;

Un vieillard courbé et brisé par les excès et le vice tient sur ses genoux une petite fille de dix ans qui pleure, et à laquelle il donne des bonbons.

Adèle rentre du bal avec un nouvel amant ; au moment où elle va entrer avec lui dans son appartement, l'homme qu'elle a abandonné s'élance d'un coin obscur, et lui jette au visage tout le contenu d'une bouteille de vitriol.

Une femme sans passions, sans amour, se donne à un homme quelconque, parce qu'elle veut avoir un enfant qui la fasse héritière d'un vieux mari.

Un mari et une femme feignent de dormir ; le mari songe à une figurante d'un théâtre de mélodrame, la femme au cousin de son mari.

Un autre mari attend que sa femme dorme pour quitter clandestinement le lit conjugal, et monter un étage plus haut. La femme attendait que son mari fût parti, et descend un étage plus bas.

Valérie dans les bras de son mari, qui s'appelle Benoît, lui donne par distraction ou réminiscence le nom d'Alfred.

Inès solde les honoraires de l'avocat qui doit plaider pour elle.

Fanny reçoit de son médecin une visite qui la dispensera de payer les précédentes.

Ici un amant heureux en lunettes bleues.

Là un mari qui s'est caché dans une armoire, pour surprendre son rival, le voit, a peur, et retient son haleine de peur d'être découvert avec lui.

Un homme, sauvé par son ami, secouru dans la mauvaise fortune, accueilli dans la maison de son bienfaiteur, nourri de son travail, a séduit la femme de son ami absent.

Un autre a exigé d'Hélène une complaisance sans bornes pour se donner sur un secret qu'il a surpris, elle se défend, mais enfin elle préfère la perte de l'honneur à la perte de la réputation.

Un autre se prostitue honteusement à une femme vieille et laide, et vient à l'amour comme d'autres vont à leur bureau ou à leur atelier.

Léonie, qui a fait autrefois un mariage d'amour, qui a quitté un beau nom pour le nom vulgaire de l'homme qu'elle aimait d'amour, est devenue veuve, elle a soixante ans aujourd'hui, et elle est riche ; elle s'est mariée ce matin à un vieux drôle désagréable sous tous les rapports, mais qui est marquis. Elle veut réparer ce qu'elle appelle sa sottise, et mourir titrée.

Caroline est avec un homme qu'elle n'aime pas encore ;

André avec une femme qu'il n'aime plus.

Remplissez la page de tout ce que je ne puis écrire, et vous saurez tout ce que vit dans cette nuit l'âme de feu Bressier. . . . .

Alors la pauvre âme découragée s'éleva de nouveau au dessus de la ville en se disant :—Eh quoi ! tous ces gens là ne s'aiment pas ! Eh quoi ! l'amour n'est pour rien dans toutes ces caresses ! Eh quoi ! je n'ai pu encore trouver deux êtres qui s'aiment réellement, deux êtres beaux et bons, pour naître de leur amour, et voici le jour qui va poindre, et il faut que je quitte la terre et la vie !

Mais, comme elle se laissait flotter au hasard dans l'air, elle aperçut une maison qui seule, au milieu de la nuit, était encore pleine de lumière et de mouvement ; du reste ce mouvement allait finir, car des voitures, rangées en longues files, venaient successivement prendre du monde à la porte et se dirigeaient ensuite vers des points opposés. Une troupe de musiciens sortit à pied, emportant les violons dans leurs étuis.

L'âme de feu Bressier reconnut la maison de monsieur Morsy. Elle saisit au passage quelques mots que disaient, en montant en voiture, les personnes qui sortaient de la maison :

— Un peu pâle.

— La mariée était charmante.

— Cela fait partie du costume.

— Le souper était très-beau.

— Oh ! le père Morsy fait bien les choses.

— Comment avez-vous trouvé la robe de la mariée?

— Euh ! enh ! euh !

— C'est comme moi, c'était trop riche ; j'aimerais mieux plus de simplicité.

— Dites donc, Alfred, combien êtes-vous censé m'avoir gagné?

— Un peu plus de 400 francs.

— Diable ! si on y allait pour de bon ! Vous avez eu là une merveilleuse invention.

— Il faut bien être quelque chose quand on va dans le monde. Nous nous sommes faits gros joueurs.

— Mais en jouant toujours l'un contre l'autre, nous ne pouvons pas gagner.

— Mais aussi nous ne pouvons pas perdre. Perdez donc 400 francs dans une soirée quand vous avez 1000 francs de revenu pas an ! Et puis refusez de jouer, on vous prend pour un grigou ; comme nous faisons, nous avons l'air de jeunes gens riches, gros joueurs et beaux joueurs, car nous perdons avec une admirable impassibilité. C'est une position bien plus honorée, si ce n'est honorable, que celle de *danseur*, de *jeune homme*.

— Le marié n'est pas beau.

— Oh ! il est comme tout le monde.

— Pourquoi donc à tous les mariages fait-on cette remarque, que le marié n'est pas beau ? Est-ce qu'il y a beaucoup plus de jolies femmes que de beaux hommes ?

— C'est que le costume de mariée sied parfaitement aux femmes, et que tout dans le costume des hommes tend à les enlaidir. Plus on est habillé, plus on est laid.

— La mère avait une bonne figure.

— Le père n'était pas mauvais non plus.

— Est-ce que vous n'avez pas votre voiture?

— Moi? je n'ai jamais eu de voiture.

— Mais pourtant vous m'avez offert de me reconduire?

— C'était pour *faire de l'effet* à la femme avec laquelle je dansais. *Nous* allons prendre un fiacre, et *vous me jetterez à ma porte.*

— Ah ! mon Dieu ! se dit l'âme, mais c'est Cornélie, Cornélie qui se marie ! Paul Seeburg s'est donc enfin décidé, ou bien on l'aura décidé.

Elle entre dans la maison ; quelques parentes étaient encore au salon. Madame Morsy et deux de ses cousines étaient allées coucher la mariée. La chambre est richement ornée ; les meubles, les rideaux, les tapis, tout est blanc et cramoisi ; une lampe d'albâtre ancienne est suspendue au plafond ; Cornélie est embellie, la nature a achevé son ouvrage, la jolie fille est devenue une femme charmante.

Elle se laisse déshabiller sans dire un mot, sans presque aider les femmes qui l'entourent. Bientôt on la laisse seule, sa mère l'a embrassée et a emporté les flambeaux ; la chambre n'est plus éclairée que par la lampe d'albâtre semblable à une opale lumineuse. Cornélie est émue et tremblante. L'âme de feu Bressier se joue dans ses cheveux parfumés, dans le duvet de pêche de son visage, sur le carmin de ses lèvres.

Une porte s'entr'ouvre. . . . .

Ce n'est pas Paul Seeburg, c'est le hideux Arnold. L'âme placée sur les lèvres de Cornélie veut fuir, mais elle est empêchée et emprisonnée par les rudes moustaches d'Arnold, elle se débat, elle s'évertue, elle s'échappe enfin, mais toute meurtrie, toute froissée, semblable à un papillon qui s'échappe des mains d'un enfant en laissant à ses doigts une partie de la brillante poussière de ses ailes...

A ce moment, le jour commence à paraître ; des nuages couleur de soufre, de rose et de lilas, précèdent le soleil, les gouttes de rosée tremblent sur la pointe des brins d'herbe.

Les oiseaux saluent le roi de la nature.

Les fleurs entr'ouvrent leurs calices humides.

Le soleil monte à l'horizon, il va reprendre le riche écrin du matin, les pierreries liquides de l'herbe ; l'âme de feu Bressier remonte au soleil dans une goutte de rosée qu'il absorbe.

POST-SCRIPTUM.

C'était en effet Arnold Redort que Cornélie avait épousé, précisément le jour où Paul Seeburg se faisait présenter chez un homme qui avait un ami qui peut-être consentirait à lui donner un libretto d'opéra.

Cornélie avait fini par céder aux obsessions de ses parens et à l'ennui de n'être pas mariée.

Le père Morsy fut d'une joie délirante quand au bout de quelques mois sa femme lui apprit que Cornélie était grosse ; on fit des projets à perte de vue, on s'occupa de l'avenir de l'enfant, on discuta tous les systèmes, on passa en revue tous les états. On ne tomba d'accord que sur une seule chose, c'est qu'on appellerait l'enfant Aline, si c'était une fille, et Théodore, si c'était un garçon. On lui fit à l'avance une riche layette, on orna son berceau, on lui broda des bonnets. Cornélie annonça qu'elle le nourrirait. Sa mère s'y opposa. Après de longues discussions, Cornélie l'emporta en promettant de se résigner à donner l'enfant à une nourrice si elle se sentait trop faible pour remplir ce premier devoir maternel.

Cornélie assurait que ce serait un fils, elle en parlait sans cesse, lui achetait des joujoux ; le père Morsy annonça qu'il lui donnerait sa bibliothèque.

— Je ne veux pas, disait Cornélie, que mon Théodore aille jamais en pension.

— Je vois d'ici, disait monsieur Morsy, que Théodore sera un enfant bien gâté et bien mal élevé.

— Je ne le gâterai pas, répondait Cornélie, mais je veux présider à son éducation, je ne veux pas le confier à des mains mercenaires.

— Mais s'il fait des fautes, qui le corrigera ?

— Moi ; mais avec douceur, avec tendresse. Grand Dieu ! comment peut-on confier son enfant à des étrangers ! Si on battait Théodore !

Mais cette joie, ces projets, tout s'évanouit au bout de quatre mois : Cornélie mit au monde un enfant ébauché, un rudiment d'enfant haut de quatre pouces ; ç'aurait été un garçon. Le père le mit dans un bocal d'esprit-de-vin.

Ce fut un grand chagrin dans la maison ; Cornélie avait tant parlé de cet enfant, que né pas l'avoir lui sembla le perdre ; elle pleura de ce qu'il ne naissait pas comme elle l'eût pleuré s'il était mort ; elle fit toutes sortes de folies, elle affecta de mettre pendant longtemps quelque chose de noir dans sa toilette.

On attribua cet accident à plusieurs causes aussi fausses les unes que les autres. La vérité était que le peu qui était resté aux moustaches de Redort de l'âme de feu Bressier n'avait pas suffi à beaucoup près pour donner la vie à ce qui aurait été Théodore.

Cornélie en parla longtemps avec d'amers regrets.

Surtout quand elle voyait d'autres enfans.

Théodore aurait cet âge.

Voilà un bel enfant, Théodore lui aurait ressemblé.

Ah ! le vilain enfant ! comme il est mal élevé ! mon Théodore n'aurait jamais fait cela.

Mon Dieu ! peut-on battre un enfant ainsi ! Non, non, Théodore, tu n'aurais jamais été battu, toi. Quelquefois même, si elle entendait parler d'une action généreuse, d'un trait de courage et de dévouement, elle disait avec orgueil : Théodore en aurait fait autant.

Quand on eut laissé pendant quelque temps le désappointement s'ériger ainsi en douleur, quand on eut permis un libre cours aux regrets de Cornélie, on s'aperçut que la prolongation en deviendrait ridicule ; on finit par la plaisanter à propos de certaines exagérations ; le bocal, longtemps tombe d'un fils, finit par devenir un objet de curiosité, et fut oublié sur le haut d'un bahut dans l'atelier.

Et il arriva de ce chagrin comme de tous les autres ; ce qui avait tant coûté de larmes devint un sujet de plaisanteries. Les amis de Redort, et Arnold Redort lui-même, se servaient du fœtus, suspendu à un fil dans son bocal, comme d'un baromètre.

Et Cornélie un jour dit sérieusement à son mari qui allait sortir :

Prends un parapluie, Théodore monte.

FIN DE FEU BRESSIER.

Paris.—Imprimerie de Louis Grimaux et Compagnie, rue du Croissant, 16.